Anton Zingerle

Zu späteren lateinischen Dichtern

Beiträge zur Geschichte der römischen Poesie

Anton Zingerle

Zu späteren lateinischen Dichtern
Beiträge zur Geschichte der römischen Poesie

ISBN/EAN: 9783741158100

Hergestellt in Europa, USA, Kanada, Australien, Japan

Cover: Foto ©Andreas Hilbeck / pixelio.de

Manufactured and distributed by brebook publishing software (www.brebook.com)

Anton Zingerle

Zu späteren lateinischen Dichtern

ZU

SPÄTEREN LATEINISCHEN

DICHTERN.

BEITRÄGE

ZUR GESCHICHTE DER RÖMISCHEN POESIE

VON

Dr. ANTON ZINGERLE.

I.

ZUR IMITATIO HORATIANA. — ÜBER AUSONIUS. — WIEDERHOLUNGEN IN
LATEIN. HEXAMETERSCHLÜSSE UND DEREN ENTSTEHUNG.

INNSBRUCK.
VERLAG DER WAGNER'SCHEN UNIVERSITÄTS-BUCHHANDLUNG.
1873.

Herrn Rector

PROFESSOR DR FRIEDRICH AUGUST ECKSTEIN

IN LEIPZIG

ALS ZEICHEN DER VEREHRUNG UND DANKBARKEIT

GEWIDMET.

Vorwort.

Obgleich dem ziemlich allgemein gehaltenen Titel, der dem Büchlein nach langer Wahl in Ermangelung eines präciseren schliesslich denn eben doch beigelegt werden musste, zur Vermeidung jeder Täuschung und gleichsam als Document für die Reise gleich vorne auch eine nähere Bezeichnung des Inhaltes mitgegeben wurde, so dürften dennoch an dieser Stelle, wie es schon einmal zu geschehen pflegt, noch ein Paar weitere Daten erwartet werden und ich will darum dieser Erwartung im Folgenden schlicht und einfach gerecht zu werden suchen.

Als meine Arbeiten über Ovid, die ich im Jahre 1865 mit einer ganz speziellen Dissertation über die Aechtheit der Halieutica begonnen, naturgemäss sich allmählich derart erweitert hatten, dass sie am Ende bereits auf ein viel weiteres Feld hinüberstreiften, lag es zu nahe, die einschlägigen Untersuchungen auch auf spätere Dichter auszudehnen, um das bisher auf Grund gewissenhafter Forschungen erreichte Resultat auch noch weiterhin nach Kräften zu begründen, oder noch Unklares und nicht genau Festgesetztes dem Abschlusse näher zu bringen. So kam es denn, dass noch während des Abschlusses des Buches über das Verhältniss Ovid's zu den Vorgängern und Zeitgenossen auch schon das Material zu einer auf gewissenhaften Untersuchungen beruhenden und entsprechend belegten Abhandlung über den Einfluss des Horaz auf die am meisten beachtenswerten Kreise der späteren Dichter gesammelt wurde, wozu, wie schon im Anfange des dritten Ovidheftes angedeutet wurde, Lucian Müller in der praefatio zu seiner Horazausgabe die Anregung gegeben hatte. Fast zu gleicher Zeit entstand der Plan, die Wiederholungen im Hexameterschlusse, deren massenhaftes Auftreten und deren Bedeutung in der röm. Poesie gerade durch die Ovidstudien für die früheren und für die Dichter der besten Zeit mehr und mehr klar geworden war, auch in den späteren Perioden zu verfolgen — eine Arbeit, die allerdings viele Mühe, aber zugleich auch ziemlich sicheren Gewinn für die Aufhellung mancher Punkte, die noch ziemlich im Unklaren liegen, in Aussicht stellte. Diese Arbeiten sollten nach der ursprünglichen Absicht vermischt mit anderen aus der griech. und röm. Literatur eine Fortsetzung meiner kleinen philolog. Abhandlungen bilden.

Als sich jedoch bei weiterem Verfolgen der diesbezüglichen Studien auf dem Gebiete späterer Epochen herausstellte, dass sich auch noch über Ausonius insbesondere Einiges bemerken liesse, was einerseits Daten für die Literaturgeschichte liefern, andererseits gerade in den Rahmen unserer Untersuchungen sich recht passend einfügen könnte, machte sich der Gedanke immer mehr und mehr geltend, diese drei so nahe verwandten Arbeiten zu einem eigenen Büchlein unter obigem Titel zu vereinigen und dies um so mehr, da sie ja einen Nachtrag, ja gewissermassen einen naturgemässen Abschluss bilden dürften zu den Arbeiten über Ovid, die sich schon einmal so weit über die Grenzen der anfänglichen Bestimmung hinausgewagt. Entscheidend für diesen schon länger gehegten Plan wirkte eine vor nicht langer Zeit im philolog. Anzeiger[1]) enthal-

---

[1]) 1872. 4. Heft S. 199 ff. Ich benütze diese Gelegenheit mit Freude, um diesem und anderen Gelehrten, die auch in neuerer Zeit wieder meinen Arbeiten in Besprechungen oder durch Erwähnung in

tene Recension meines zweiten und dritten Ovidheftes, in welcher ein auf diesem Gebiete der röm. Literatur hervorragender Gelehrter nach einer sehr eingehenden Besprechung den Wunsch äusserte, „es sollte nun dieselbe Arbeit auch auf die späteren Dichter ausgedehnt werden, da sich hieraus im Einzelnen gewiss auch manches literarhistorisch interessante ergäbe."

Ich glaubte nämlich diesem Wunsche gerade durch die Vereinigung der drei genannten Aufsätze vorderhand wenigstens zum Theile und in einer gewissen übersichtlichen, dabei aber ganz verlässlichen Weise gerecht werden zu können, weil sich, ganz ähnlich wie in den Ovidstudien für die früheren, so hier für die späteren Dichter trotz der scheinbar beschränkten Ausgangspunkte durch gewissenhafte gegenseitige Vergleichung schliesslich doch ein ganz bedeutendes Feld sowol für Inhaltliches als für Formelles überblicken lässt. Der Einfluss eines hochberühmten Augusteers, der schon auf einen Ovid trotz der vielfachen Verschiedenheit der Richtung[1]) in mancher Beziehung stark eingewirkt hatte und der nun weit und immer weiter fortwirkt bis zu den Ausläufern der Literatur, bestätigt uns an einem für die Literaturgeschichte wichtigen und bisher gerade in der interessantesten Partie noch nie verlässlich und eingehend behandelten Beispiele von Neuem einen schon öfter betonten Charakterzug der röm. Dichtung im Allgemeinen; die Betrachtung des Versschlusses bei Späteren im engen Anschlusse an die Früheren, geleitet uns auf ein ungemein ausgedehntes Gebiet und dürfte geeignet sein, manche bei den latein. Dichtern auch im rein Formellen so

---

hochgeschätzten Werken Beachtung schenkten, hier meinen aufrichtigen Dank auszusprechen.

[1]) Eine sehr richtige Bemerkung hierüber, abgesehen von dem allgemein Bekannten, bei I. F. C. Campe: litterar. Tendenzen in Rom zur Zeit des Hor. Jahn'sche Jahrb. 1871, 8. Heft S. 554.

eigenthümliche Erscheinungen einer endgiltigen Erklärung
näher zu bringen und dem Metriker sowol, als dem Com-
mentator Material an die Hand zu geben; und endlich ist
es Ausonius, der Consul aus Gallien, der uns alle Consequenzen nach beiden Seiten hin, wie sie sich durch eine
Combination von Umständen allmählich mehr und mehr
entwickeln mussten, bis zum äussersten Extrem repräsentirt.

Es hängt also Alles, wie man sieht, gar wol zusam-
men und gibt, die verschiedenen Excurse, Schlussbemer-
kungen und Hinweise auf unsere früheren nahe verwandten
Studien eingerechnet, Gelegenheit genug, ein sehr umfang-
reiches und dabei doch auch im Detail gewiss nicht ver-
nachlässigtes Bild zu entrollen, welches von verschiedenen
Gesichtspunkten betrachtet Interesse erwecken und der
Wissenschaft im Ganzen wol vielleicht mehr nützen könnte,
als die in jüngster Zeit sich mehrenden ausschliesslichen
Vergleichungen einzelner späterer Dichter mit Vergil. Wer
z. B. unsere Beobachtungen über die massenhaften wechselseitigen Wiederholungen im Hexameterschlusse von Ennius an bis in die späteste Zeit hier und in den Ovidstudien auch nur oberflächlich gemustert haben wird, der
wird sich in Zukunft gewiss öfter bedenken, irgend einen
beliebigen zweiten Halbvers bei einem Späteren, weil er
sich zufällig auch einmal bei Vergil findet, ausschliesslich
und direkt vergilischem Einflusse zuzuschreiben.

Es ist das ein sehr wichtiges Thema, das bei solchen Arbeiten, die an sich dem gründlichen Forscher
gewiss willkommen sind, der Beachtung sehr zu empfehlen wäre.

Nachdem ich nun über meine Stoffe, über die Entstehung der Gruppirung und über den schliesslichen Zweck
Aufschluss gegeben, erübrigen noch ein Paar Bemerkungen
über die Art und Methode der Ausführung. Ich gehe hier
von der dritten Abhandlung aus, weil es sich so am besten

an das unmittelbar Vorhergehende anschliesst und weil mir, offen gesagt, dieser Theil am meisten an's Herz gewachsen ist, wofür Kenner das Warum leicht errathen werden. Dass ich natürlich auch da Alles selbst aus den Quellen sammeln musste und dass mir hier selbst ein Index zu einem einzelnen Dichter in den Fällen, wo ein solcher vorhanden war, bei der grossen Ausdehnung der Untersuchung, bei dem massenhaften wechselseitigen Ineinandergreifen und bei meiner Beschränkung der Beobachtung der Wortformen auf den Versschluss, für meinen Zweck fast gar keine Dienste leisten konnte, bedarf für den Sachverständigen keiner Auseinandersetzung und ich muss hier nur bemerken, dass ich bei Vergleichung ähnlicher Wort- und Stellenverzeichnisse für einzelne Dichter nur zu oft Gelegenheit hatte, auf ganz bedeutende Lücken aufmerksam zu werden, die man auf einem verhältnissmässig so beschränkten Gebiete denn doch nicht immer erwarten sollte. Ich hätte in dieser Beziehung ganz besonders da, wo auch eine Stelle des viel behandelten Vergil mit in Betracht kam, nach meinen ausgedehnten Forschungen fast allemal eine Bemerkung machen können, that dies aber als Feind jeder Polemik, wie es jeder wahre Freund der Wissenschaft von Hause aus ist, nur in einigen Fällen, wo mir dies im Interesse der Sache dringend geboten schien.

Was dann die Schriftsteller anbelangt, die ich bei der Ausdehnung einer so wichtigen Untersuchung auf die spätere Zeit in Betracht zog, so war die Auswahl, wenn man die Sache nicht in's Unübersehbare verschleppen wollte, wahrlich nicht gar zu leicht; ich hielt es aber bei einer solchen Aufgabe für besonders wichtig, beachtenswerte Dichter auf den verschiedensten Gebieten und aus den verschiedensten Perioden heranzuziehen, weshalb ich lieber manches Kleinere aus verhältnissmässig früherer Zeit, das aber in seiner Art schon durch Anderes nach meiner Ansicht sattsam vertreten war, überging, um auch noch bis zu einem Venan-

X

tius herabsteigen zu können, für den vorzüglich die Vita S. Martini berücksichtiget wurde[1]).

Centonenartiges glaubte ich hier fast ganz ausser Acht lassen zu sollen und was die Zahl der Belege für die einzelnen Fälle betrifft, wählte ich dieselbe, um mich nicht gar in's Unendliche zu verlieren, im Verhältniss zur Wichtigkeit der jedesmal besprochenen Erscheinung aus meinen alphabetisch angelegten Sammlungen aus, bin aber gewiss gerne bereit, auf etwaigen ausdrücklichen Wunsch auch Nachträge folgen zu lassen.

Wenn ich hier bei den naturgemäss gerne im Anschluss an die Ovidstudien ausgewählten Beispielen auch nachträglich die sog. carmina minora des Vergil manchmal herbeizog, so geschah dies wieder, um dem Wunsche eines hochverehrten Recensenten jenes Buches nach Kräften zu willfahren. Anderes, worüber man etwa in dieser Beziehung hier noch Aufschluss erwarten könnte, musste unten im Verlaufe der Bearbeitung gelegentlich berührt werden, weshalb ich hier einfach darauf verweise. Dass es übrigens in einem solchen Falle, wo so Vieles und gewiss Bedeutendes zum ersten Male gewissenhaft dargelegt und dabei zugleich, um die Möglichkeit der Veröffentlichung nicht auszuschliessen, doch wieder in einen möglichst engen Rahmen gezwängt werden sollte, ziemlich schwer sein dürfte, den Anforderungen und Ansichten Aller in jeder Hinsicht vollkommen Genüge zu leisten, scheint mir nicht ganz unwahrscheinlich. Dies kann mich aber nicht im Geringsten beunruhigen, da ich einerseits im Bewusstsein meines redlichen Strebens wieder gar wol vertrauen darf, dass sicher unbefangene Kenner meinen gewissenhaften Forschungen im Ganzen Dank wissen werden, und andererseits selbst an

---

[1]) Einzelnes aber auch aus anderen Werken, wobei nach der bekannten Eintheilung citirt wurde. Dies zur Verhütung von Missverständnissen bei den Anführungen.

anerkannten Arbeiten auf einigermassen vergleichbarem, aber viel begränzterem Felde noch gar manche nicht unbedeutende Mängel beobachten und notiren konnte. Absolute Vollständigkeit wird sich auf solchen Gebieten eben erst mit der Zeit und, durch wechselseitiges Zusammenwirken erreichen lassen und inzwischen muss jede fleissige Detailarbeit willkommen sein.

Ich komme nun zu den zwei vorangestellten Abhandlungen. Da die Angabe der hiebei vorwaltenden Gesichtspunkte sich auch da zum grössten Theile in Form einer Bemerkung am betreffenden Orte in die Schrift selbst am passendsten einzufügen schien, wo sie auf den Leser lebendiger wirkt als in der Vorrede, kann ich mich hier ziemlich kurz fassen, etwa mit Ausnahme eines einzigen Punktes.

Dass das einigermassen Einschlägige aus der ausgedehnten horaz. Literatur fleissig eingesehen, oft mit ziemlicher Mühe, wenn es hier fehlte, von Aussen her verschafft und für unseren Zweck verglichen wurde, ist selbstverständlich und dass dies, wo es sich um irgendwie bekanntere Beispiele handelte, eher Verkürzungen und Auslassungen veranlasste, geht aus unten folgenden Bemerkungen hervor. Dass dann bei Behandlung der jedesmaligen Hauptaufgabe mit Vorliebe besonders Solches näher ausgeführt wurde, was nebenbei auch noch zugleich für andere Untersuchungen von Interesse sein könnte und bisher unbeachtet blieb (z. B. die Benützung des Horaz in den Tragödien des Seneca, der horaz. Einfluss auf Symphosius, das Verhältniss der Mosella des Ausonius zu den Halieutica u. dgl.), dürfte ebenfalls leicht ersichtlich sein. Die Partie über Ausonius könnte manches Material nicht nur für eine eingehendere Darstellung dieses Dichters, sondern auch für Commentare und Indices liefern. Doch das Wichtigste bleibt hier eine Bemerkung über das Verhältniss unserer ersten Abhandlung zum Programme von

Paldamus: de imitatione Horatii, Greifswalde 1851. Wer diese letztere Arbeit nur dem Titel nach kennt, könnte leicht versucht sein, an eine gegenseitige Berührung oder an Wiederholungen zu denken, würde aber dabei sehr irre gehen.

Ohne die Schrift von Paldamus anfeinden zu wollen, die manches Beachtenswerte enthält, bes. gegenüber der Hyperkritik H. Peerlkamp's Einiges zu beherzigen gibt und darum doch nicht ganz mit vollem Rechte fast verschollen zn sein scheint, kann ich wol ohne Bedenken sagen, dass die Hauptaufgabe, wie sie wenigstens der Titel angibt, gerade für die interessanteste Partie, nämlich für die hervorragendsten, in der Literaturgeschichte am meisten in Betracht kommenden Dichter nicht gelöst ist, da bei der grossen Ausdehnung des Stoffes auf Prosa und Poesie von den ersten Nachahmern bis in die späteste Zeit, wofür offenbar genaue Vorstudien nicht immer zur Hand waren, bei dem sich stets stark vordrängenden kritischen Gesichtspunkte, der manchmal förmlich zur Hauptsache wird und bei dem verhältnissmässig beschränkten Raume (36 Seiten für dies grosse Gebiet) das Ganze nur zu oft auf ein einfaches Raisonnement ohne genügende Belege hinausläuft.

Zudem findet sich selbst noch unter den spärlichen Beweisstellen bes. für Dichter Vieles, was für den schlagenden Nachweis einer imitatio viel zu unsicher und eher für die Geschichte eines einzelnen Wortes von Interesse ist. Daher ist es leicht erklärlich, dass L. Müller, dessen Bemerkung ich, wie gesagt, die Anregung zu dieser Abhandlung verdanke, für die Poesie ohne Weiteres noch zu einer verlässlichen Darstellung des Gegenstandes aufforderte. Dass diese Ignorirnng der Arbeit von Paldamus für dieses Gebiet von Seite des erfahrenen Kenners der röm. Poesie gewiss nicht unbegründet war, wird auch die flüchtigste Vergleichung mit dem von uns auf Grund sicherer und mit der grössten Sorgfalt ausgewählter Beweise gewonnenen Resultate lehren¹). Beispielshalber nur Einiges. Wenn Paldamus kurzweg sagt „raro (Horatius) respicitur a Seneca" (S. 3) und für die ganze imitatio in den Tragödien 9 Zeilen verwendet (S. 14), wenn er von Martial nur zo bemerken weiss: qui quum alioqui longius recedat a Flacci sermone, amat pariter atque hic singularem numerum ponere in vocabulis numerandi notionem continentibus" (S. 29), wenn ein Statius in 16 Zeilen (S. 27) durch Anführung von ein Paar Phrasen abgefertigt und Claudian vollständig vernachlässigt ist²), so stimmt das wahrlich nicht zu gut mit unseren unläugbaren Beobachtungen und zeugt in gewissen Partieen von Flüchtigkeit oder, was ich lieber annehmen will, vom Verlassen des eigentlichen Thema's. Nach diesen Erfahrungen wird man es mir nicht verübeln, wenn ich meine diesbezügliche Abhandlung für ein bestimmtes Gebiet eine zum ersten Male eingehendere und gründlich belegte nannte.

Dennoch wurde auf Paldamus selbstverständlich stets

---

¹) Was H. Düntzer über das Mangelhafte der in Rede stehenden Arbeit bezüglich einer von ihm nachträglich gewissenhaft untersuchten wichtigen Einzelheit (Vergil und Horaz) bemerkte, bestätigt sich eben nach unseren Untersuchungen leider auch allgemein für die Behandlung gerade jener Dichter, die bei einer solchen Darstellung für das Hauptthema das grösste Interesse erwecken. Vgl. Jahn'sche Jahrb. 1869. 5. Heft. S. 830.

²) Die Stelle über Juvenal (S. 27) „Juvenalis abstinuit fere ab Horatii imitatione" thut die Sache jedenfalls auch viel zu kurz ab und ich bemerke hier, da ich aus einem unten angegebenen Grunde auf dieses Verhältniss nicht eingehe, nur ganz knapp, dass da die feinere Nachahmung im Versbaue, im Gebrauche und in der Stellung gewisser Wörter, bes. im Verschlusse (hierüber wird Einiges in der dritten Abhandlung zur Sprache kommen, doch gäbe es noch manches Andere, wie z. B. Juven. 5. 107 und Hor. Sat. 1, 1, 22), weit beachtenswerter wäre, als manches in den Commentaren Notirte, was aber Paldamus eben auch entgangen ist.

in gewisser Beziehung Rücksicht genommen und er wirkte
neben einigen anderen, unten angegebenen Faktoren auf die
Anlage des Ganzen insoferne ein, dass von ihm vorgebrachte
Beispiele mit Ausnahme ganz vereinzelter, in einem
gewissen Zusammenhange kaum zu übergehender Fälle (im
Ganzen 4—5) als bekannt bei Seite gelassen und von ihm
für den Hauptzweck einigermassen genügend behandelte
Partieen, wie z. B. die Epiker bes. Lucan und manche von
den Späteren (so sind Rutilius, Calpurnius, Serenus Sammonicus
mit einer gewissen Vorliebe behandelt) abgekürzt und
nur durch einige neue Stellen belegt wurden.

Das Verhältniss der beiden Arbeiten und die im Interesse
der Wissenschaft nothwendig gewordene Ergänzung
dürfte, abgesehen von den von uns bei der Arbeit zugleich
verfolgten Nebenzwecken, nun wol Jedem klar sein, weshalb
ich unten auf die Sache auch nicht mehr zurückkomme,
da ein Verweisen auf die Versehen in Paldamus'
Arbeit keinen Zweck hätte.

Es erübrigt nun nur noch für die beträchtliche Reihe
von Dichtern, die in dem Büchlein zur Sprache kommen,
die Ausgaben zu nennen, nach denen ich citire, wobei ich,
um jedem etwa möglichen Missverständnisse vorzubeugen,
auch gleich die wichtigsten Abkürzungen in Klammern beifüge
Für die Früheren berufe ich mich auf die Verzeichnisse
in meinen Ovidstudien und bemerke nur, dass die
Schreibweise der einzelnen Ausgaben auch hier beibehalten
und die diesbezüglichen Abweichungen nicht als Druckversehen
zu betrachten sind. Für die am häufigsten genannten
neu herangezogenen Folgendes:

Plautus (Plaut.) und Terentius (Terent.) citire ich nach
Fleckeisen (nach der fortlaufenden Verszahl der einzelnen
Stücke), Cicero's Aratea (Arat.) nach Klotz[1]), die sog.
carmina minora des Verg. (Cir. Cul. u. s w.) nach Jahn.

---

[1]) Dass ich die Aratea des Germanicus hier nicht heranzog, erklärt

Bei Seneca tragicus (Senec.) kam natürlich der Text von Peiper-Richter in Betracht.

Für Lucan (um jede Verwechslung mit Lucrez zu vermeiden, vollständig geschrieben), Silius (Sil.), Ausonius (Auson.), Claudian (Claud.) beziehen sich die Zahlen auf die Bipontina¹).

Valerius Flaccus (Val.) und Orestis tragödia (Orest. tr.) werden nach den Ausgaben Schenkl's angeführt. Verse aus Petronius (Petron.) glaubte ich nach der verbreiteteren kleineren Ausgabe von Bücheler am einfachsten in der Weise angeben zu sollen, dass sich die erste Zahl auf die am Rande stehende Capitelnummer, die zweite auf die Verszahl der betreffenden poet. Partie bezieht. Die Citate aus Statius (Stat.) wurden nach Queck, die aus Martial (Mart.) nach Schneidewin und die aus Juvenal (Juven.) und Persius (Pers.) nach Hermann gegeben. Rutilius Namatianus (Rutil.) und Priapea (Priap.) nach L. Müller, Symphosius und die Anthologia Lat. (Auth. L.) nach A. Riese (die erste Zahl ist Gedicht-, die zweite Versnummer),

sich ausser der obigen Bemerkung über die bei der Auswahl der Schriftsteller vorwaltenden Gesichtspunkte noch ganz hauptsächlich durch den Umstand, dass ich nächstens in einer gewissenhaften Untersuchung die Rutgers'sche Ansicht über die Person des Verfassers, für die ich mich schon einmal ausgesprochen (De Germanico Caes. Trient 1867), von der ich fast nicht lassen kann und die ich auch in neuester Zeit von K. Schenkl in seinen gediegenen Studien zu den Argon. des Val. Flacc. (S. 274 ff.) wieder verfochten sehe, durch Beobachtungen auf meinem Gebiete weiter begründen und hiefür das ganze Material versparen möchte.

¹) Die längst erwartete und bereits am Schlusse des Jahres 1872 angeführte (vgl. Teuffel. R. L.² 1002) kritische Ausgabe des Claudian von Jeep, die ich für meine Citate gar zu gerne wenigstens noch im Nachtrage verglichen hätte, konnte ich unerklärlicher Weise bis zum heutigen Tage nicht erhalten, da meiner Buchhandlung auf wiederholte dringende Bestellung von der betreffenden Verlagshandlung damit geantwortet wurde, dass das Buch noch nicht ausgegeben sei. — Die Abkürzungen bei Angabe der einzelnen Werke des Claudian u. a. sind die allgemein üblichen.

Gratius (Grat.) und Nemesianus (Nemes.) nach Haupt, der Verf. des Aetnà (Aetn.), Avieni descriptio orbis (Avien.), Columella de cultu hortorom (Colum.) nach Wernsdorf poet. lat. min. Für Venantius Fortunatus (Ven.) stand mir leider nur die Ausgabe von Brower zu Gebote, wobei ich mich bei dem bekannten Abgange der Zahlen am Rande auch noch der Verszählung unterziehen musste.

Für anderes mehr Vereinzeltes, wo auch die Zahl und Verschiedenheit der Ausgaben nicht so leicht Verwechslung hervorrufen konnte, bemerke ich kurz, dass möglichst deutlich nach dem gangbarsten Texte citirt wurde. Ebenso werden die in den Anmerkungen angefügten Hinweise auf Werke und Abhandlungen, welche in dem einen oder anderen Punkte unserem Zwecke irgendwie dienen zu können oder nach unseren Forschungen einer Berichtigung zu bedürfen schienen, hoffentlich klar genug sein; Kleineres und nur einmal Herangezogenes wurde stets vollständig angeführt und Abkürzungen wie Corssen Ausspr., L. Müller de re metr., Teuffel K. L.[1]) u. s. w. bedürfen wol keiner Rechtfertigung.

Und nun noch meinen tiefgefühlten Dank allen Jenen, welche mich bei meiner Arbeit mit Hilfsmitteln gütigst unterstützten, besonders den Herren Professoren Dr. B. Jülg in Innsbruck, Dr. F. Susemihl in Greifswald, Dr. W. S Teuffel in Tübingen und der Vorstehung der hiesigen k. k. Universitätsbibliothek.

Ebenso bei dieser Gelegenheit meinen herzlichen Gruss und Dank den jungen Gelehrten in Deutschland, die mir ihre einigermassen in meinen Studienkreis einschlägigen Dissertationen so freundlich zuschickten.

---

[1] Hier sei noch bemerkt, dass dies letztere Werk bis S. 32 noch nach der ersten, dann über bereits nach der zweiten Auflage citirt wird, da indess die letzte Lieferung derselben eingelangt war. — Die Hinweise auf Bernhardy gehen natürlich anch auf die neueste (5.) Bearbeitung zurück.

So möge denn auch dieses Büchlein, dem gewiss Mühe genug zugewendet wurde und das bescheiden als kleines Bändchen auftritt, während es doch gar wol als Band sich hätte der Oeffentlichkeit zeigen können, wieder gar manche Freunde finden, die gewissenhaftes und redliches Streben zu würdigen wissen.

Innsbruck 1873. Februar 1.

ZU
SPÄTEREN LATEINISCHEN
DICHTERN.

I.

Lucian Müller bezeichnet in der von uns wiederholt erwähnten Stelle der praefatio zur Horazausgabe [1], worin er zu einem näheren Nachweis der imitatio Horatiana aufmuntert, unter den Späteren ausser den Satirikern namentlich Seneca und Ausonius als sehr beachtenswert und knüpft hieran schliesslich die Bemerkung: „Aliquanto rarius ceteri eundem sunt secuti, frequentius tamen quam creditur vulgo." Ich kann nach meinen gewissenhaften Untersuchungen diese kurz hingeworfenen Andeutungen des berühmten Kenners der römischen Poesie im Ganzen und Grossen nur bestätigen und muss dabei vor Allem ausdrücklich betonen, dass das Urtheil über die Nachahmung von Seite Seneca's als überraschend richtig sich bewährte; denn nicht nur im Agamemno, den bekanntlich Peiper und Richter sammt Hercules II dem Seneca absprechen, finden sich entschiedene Reminiscenzen aus Horaz [2], sondern ebenso, ja manchmal fast in noch auffallenderer Weise auch in anderen Tragödien jener Sammlung und vielleicht dürfte gerade auch in dieser Beziehung eine gewissenhafte Prüfung der imitatio Horatiana hier erhöhtes Interesse und hie und da für die Untersuchungen über den Ursprung dieser Tragödien einige neue Anhaltspunkte gewähren [3])

---

[1] p. XII
[2] Vgl. Senec. trag. ed. P. R. praef. p. IX.
[3] Wenn bei dieser Frage, wie man jetzt richtig betont, nur triftige Bemerkungen über Metrik, Prosodie und Diction entschiedenen Zingerle, röm. Dichter. 1

Mit gleich richtigem Takte wurde auch Ausonius namentlich hervorgehoben, bei dem der horazische Einfluss — freilich neben dem mancher anderer Dichter, wie es bei diesem „poeta scholasticus" leicht denkbar — seinen Höhepunkt erreicht. Ergänzungen haben wir nur den letzten, oben wörtlich angeführten Zeilen des Prof. L. Müller beizufügen, da dieselben, als eine mit möglichster Kürze und nur im Vorbeigehen gemachte Bemerkung natürlich nur ganz allgemein gehalten sind. Aus der Reihe der übrigen Dichter ist da nämlich noch ganz vorzüglich Statius hervorzuheben, der als Nachahmer des Horaz vor den Uebrigen sich bedeutend bemerklich macht; zum Theil erklärt sich dies allerdings aus dem Charakter der Silvae [1]), aber andererseits zeigt sich auch in der Thebais und Achilleis der horazische Einfluss auffallend stärker, als bei anderen Epikern der hier in Rede stehenden Perioden in der römischen Literatur. Während nämlich bei letzteren die Nachahmung, so bestimmt sie sich auch fast überall nachweisen lässt, sich doch zum grossen Theile auf blosse Fügungen und Ausdrücke beschränkt, zuweilen auch, besonders bei grösseren Partieen, so allgemein gehalten ist, dass der gewissenhafte und mit den Erscheinungen auf dem Gebiete der römischen Dichtkunst vertraute Forscher häufig bezüglich der Beweiskraft und der sicheren Behauptung direkter Entlehnung schwanken muss, ist bei Statius eine über allen Zweifel erhabene diesbezügliche Einwirkung in jeder Hinsicht am häufigsten zu treffen. Zunächst scheinen dann nach unseren Erfahrungen Martial und Claudian am meisten beachtenswert zu sein; bei Ersterem kann uns dies weniger auffallen, da das Epi-

---

Wert haben können, so versteht es sich fast von selbst, dass auch die Nachahmungen, besonders in so ferne sie auf Diction und Metrik Einfluss üben, öfter auch sehr der Beachtung wert sein können. Vgl. L. Müller: Zur Literatur der Trag. d S. Jahn'sche Jahrb 1864 S. 422.

[1]) Vgl. Bähr R. L., S 156.

gramm des genannten Dichters, wie wir auch später beim
Hexameterschluss zu bemerken haben werden, oft ja gar so
nahe an's Gebiet der Satiriker streift[1]) und ausserdem für
die auch schon bei den besten römischen Dichtern so beliebte
unerwartete Einflechtung von Reminiscenzen [2]) gar will-
kommene Gelegenheit bot. In mancher Beziehung interessanter ist die Erscheinung bei Claudian, weil sie hier doch
wieder viel unerwarteter und manchmal in einer eigenen
Weise, fast versteckt aber darum nicht weniger sicher auftritt. Es gibt auch da nicht nur einzelne Ausdrücke und
Wendungen, sondern auch gewisse Gedanken, ja auch einige
grössere Partieen, die mit bedeutender Sicherheit auf horazischen Einfluss zurückzuführen sind. Es ist dabei auch
der Umstand nicht ganz ohne Interesse, dass Claudian auch
in diesem Puncte wie in so manchen anderen[3]) an Statius
erinnert, durch die Art der Nachahmung aber wieder eine
weit grössere Begabung zeigt als jener. Claudians Talent,
das übrigens auch in neuerer Zeit von mehreren Seiten bereits gewürdigt wurde [4]), wird überhaupt durch eine genauere
Vergleichung mit den übrigen Dichtern noch immer stärker
hervortreten, nicht nur in diesen und ähnlichen Dingen,
sondern, wie wir unten sehen werden, manchmal auch im
Versbaue und es hat Balde bei Herder III p. 43, wenn auch
die Ausdrücke etwas übertrieben sind, im Grunde doch das
Richtige getroffen.

Dies ist im Allgemeinen das Resultat der diesbezüglichen Forschungen bei den bedeutenderen Dichtern jener
Zeiten, die bei ähnlichen Arbeiten gewöhnlich in Betracht

---

[1]) Vgl. Bernhardy R. L., S. 657: die neue Form war eine ver-
jüngte, gleichsam in einen Auszug und auf das knappste Mass gebrachte
Satire des Moment's.
[2]) Vgl. meine Ovidstudien II., 117 u. ö.
[3]) Teuffel R. L. S. 915.
[4]) Vgl. in allerjüngster Zeit: Bährens, Zur Literatur d. Claud.
Jahn'sche Jahrb. 1872. S. 499.

zu kommen pflegen. Ist nun hier die Einwirkung der horazischen Dichtung im Ganzen und Grossen durchgehends nachweisbar — das Mehr oder Weniger bei Einzelnen thut im Allgemeinen Nichts zur Sache und die Gründe dafür liegen dem Kenner der römischen Literatur zu nahe, als dass sie einer weiteren Auseinandersetzung bedürften — so kann es nicht mehr überraschen, sondern ist vielmehr eine vorauszusehende Folge, wenn auch bei den übrigen Dichtern und in den kleineren Poesieen bis in die späteste Zeit hinab häufig das nämliche Phänomen zu Tage tritt. Derartiges kann uns aber nur dort wichtig erscheinen, wo es vielleicht geeignet sein dürfte, zur Aufklärung über eine noch ziemlich im Dunkeln liegende Partie der Literaturgeschichte wenigstens einigermassen beizutragen. Dies scheint mir beispielshalber bei den horazischen Reminiscenzen der Fall zu sein, die ich auch im Räthselgedicht des Symphosius fand. Wenn ich diese in Anbetracht der verhältnissmässig geringen Verszahl des Gedichtes und des gewiss nicht auf Horaz zurückführenden Stoffes immerhin beachtenswerte Erscheinung zusammenhalte mit dem Hinweise K. Schenkl's [1]) auf die Aehnlichkeit des Prologus mit der Epistula dedicatoria zum Griphus des Ausonius und auf den häufigen Gebrauch der Alliteration, so scheint sie mir bei dem Umstande, dass gerade durch Ausonius die Benützung des Horaz manchmal bei den verschiedensten Stoffen neuerdings so stark angeregt wurde, violleicht nicht ganz ohne Wert zu sein für die von dem obengenannten Gelehrten ausgesprochene Ansicht, dass Symphosius dem Zeitalter des Ausonius oder einer nächstfolgenden Periode angehöre.

Ich gehe nun vom allgemeinen zum besonderen Theile über. Der Weg, den ich hier bei der Angabe von Belegen einzuschlagen habe, scheint sich nach dem oben Gesagten

---

[1]) Zur Kritik späterer latein. Dichter. Juniheft 1863 der Sitzungsberichte d. phil.-hist. Cl. der kais. Akademie d. W. S. 13.

vou selbst darzubieten. Es kann im Zwecke dieser Abhandlung, die einfach durch Feststellung der Thatsache an sich und durch Begründung der oben von uns betonten wichtigsten Erscheinungen einen kleinen Beitrag zur Geschichte der römischen Poesie liefern möchte, offenbar nicht liegen, ein Verzeichniss aller einzelnen Phrasen und kleineren Wendungen, die spätere Epiker aus Horaz entlehnten oder entlehnt haben mochten, hier abdrucken zu lassen, zumal da dieselben auch nach meinen Erfahrungen im Ganzen nicht zu grossen Wert für die Textkritik haben dürften[1]; noch weniger lohnend wäre ein diesbezügliches Eingehen auf die Satiriker, für welche die Sache natürlich schon längst bekannt und das Material fast vollständig in den verschiedenen Commentaren gesammelt ist, weshalb ich sie auch in der obigen Darstellung nicht weiter erwähnte und auch im Folgenden ganz ausser Acht lassen werde. Für unsere Aufgabe kann die passendste und zugleich lohnendste Methode nur die sein, wenn die hier zum ersten Male eingehender und im Zusammenhange behandelte Darstellung der imitatio Horatiana in allen Hauptpunkten durch eine genügende und mit Rücksicht auf die grössere oder geringere Wichtigkeit der jedesmal besprochenen Einwirkung ausgewählte Anzahl von unwiderleglichen Beispielen bekräftigt und für die Literaturgeschichte notzbar gemacht wird und wenn hierauf diejenigen Dichter, bei welchen diese Nachahmung am stärksten hervortritt, aber bisher fast gar nicht oder doch viel zu wenig beachtet wurde, separat noch ausführlicher be-

---

[1] Wir würden dadurch die Arbeit zu einem Phrasenbuche erweitern und dabei doch für unseren Zweck wenig gewinnen, da gerade bei Erscheinungen von so kleinem Umfange ein bestimmtes Urtheil oft ungemein erschwert ist. Zudem hat fast alles Derartige, was für die Texteskritik des Horaz einigermassen verwendbar schien, R. Unger in den Emendationes Horatianae (Halis Sax. 1872) für seine, freilich oft sehr gewagten und gewiss nicht immer nothwendigen Conjecturen herangezogen.

handelt werden. Dies Letztere scheint, abgesehen von dem hier vielfach ganz interessanten Materiale und von dem erweiterten Einblick, der uns dadurch in das Wirken jener Dichter und zum grossen Theile auch in die Richtung ihrer Zeit verschafft wird, auch noch desshalb nicht unwichtig, weil eine solche Darstellung, wie wir schon oben angedeutet, hie und da vielleicht auch für allgemeinere Untersuchungen nicht ganz ohne Nutzen sein und wol jedesfalls einige Notizen für die diesbezüglichen, nicht ganz unwichtigen Partieen der Literaturgeschichte liefern dürfte. Dass aber selbst da noch bei der Auswahl der Beispiele ausschliesslich mit Rücksicht auf wirklich Sicheres und Beweiskräftiges vorgegangen werden musste, ist bei dem Zwecke der Abhandlung selbstverständlich [1]). Wir behandeln in dieser Weise besonders für sich Seneca, Statius und Ausonius.

A.

Lucan. 1, 45 ff. (Verherrlichung des Imperators) erinnert, wenn auch die Schmeichelei dem Zeitgeiste gemäss natürlich noch übertriebener ist, im Grunde doch unwillkürlich an die von Horaz in dieser Beziehung eingeführte Manier, die den Nachfolgern seit Ovid sowol für die ganze Fassung als auch manchmal für den Ausdruck (vgl. z. B. Lucan. l. c. astra petes serus mit Hor. Carm. 1, 2, 45 serus in caelum redeas) stets vorschwebte. Auffallend Ähnliches auch bei Statius Silv. 1, 1, 105; 4, 2, 22 und Theb. 1, 22, wobei ich jedoch zu bemerken habe, dass mir die

---

[1]) Zunächst wirkte dann natürlich das Bestreben, auch in der Beweisführung möglichst viel Unbeachtetes zur Ergänzung der Commentare zu liefern. — Für das Verhältniss des Statius zu Horaz, auf das schon einige Bemerkungen der Scholien hinweisen, sind Ausdrücke wie aliquoties Hor. est im. (vgl. z. B. Dubner I p. IV) doch zu schwach.

letztere Stelle zunächst auf die hier behandelte des Lucanus zurückzugehen scheint.

Lucan. 1, 98 concordia discors wie Hor. Epist. 1, 12, 19¹) — Lucan. 3, 319 Gedanke und Ausdruck (per fulmina tantum sciret adhuc coelo solum regnare Tonantem) sicher nicht zufällige Aehnlichkeit mit Hor. Carm. 3, 5, 1 (caelo tonantem credidimus Jovem regnare). Ein eigenthümlicher Hinweis auf diesen Vers des Horaz auch bei Mart. 7, 60, 2 (quem salvo duce credimus Tonantem). — Lucan. 4, 614 more palaestrae wie Hor. Carm. 1, 10, 4. — Lucan. 8, 244 ff. (Ephesonque relinquens claramque sole Rhodon) Hor. Carm. 1, 7, 1 (laudabunt alii claram Rhodon aut Ephesum). Noch offenere und aus dem oben über Martial Gesagten erklärliche Anspielung auf dieselbe horaz. Stelle bei Mart. 10, 68, 1 (cum tibi non Ephesos nec sit Rhodos aut Mitylene). — Val. Flacc. 1, 13 (Solymo nigrantem pulvere fratrem) Hor. Carm. 1, 6, 14 (aut pulvere Troico nigrum Merionen). — Val. Flacc. 1, 251 (dulcibus adloquiis) Hor. Epod. 13, 18. — Val. Flacc. 2, 467 (liquidi colores) nach Hor. Carm. 4, 8, 7. — Sil. 1, 225 (prodiga animae) Hor. Carm. 1, 12, 37. Diese acht horazische Verbindung, die ganz ebenso bereits von Ovid aufgenommen worden war (Ovid. III, 32), übt auch noch auf andere spätere Dichter ihren Einfluss mehr oder weniger auffallend aus, bes. Stat. Theb. 8, 406 (vitae prodiga); Claudian. in Ruf. 2, 183 (lucis prodigus) und largus ebenso construirt bei Stat. Theb. 3, 603. — Sil. 1, 230 (atros chalybis fetus hu-

---

¹) Ich gebe dieses Beispiel, das im Grunde sicher auf Horaz zurückgeht, das aber, da es auch schon Ovid (Ovid. III., 32) hat und Lucan gerade in dieser Partie rasch nach einander andere ovid. Reminiscenzen zur Schau trägt, (z. B. 1, 66 nach Fast. 1, 17; 1, 67 nach Met. 1, 1) andererseits auch ganz gut vermittelt scheinen könnte, geflissentlich als Beleg, wie schwer oft gerade bei solchen kleineren Erscheinungen bei den Epikern die Behauptung direkter Entlehnung werden kann.

mus horrida nutrit) Hor. Carm. 4, 5, 26 (Germania quos horrida parturit fetus). — Mart. 12, 4, 2 (Maecenas, atavis regibus ortus) Hor. Carm. I, 1, 1 (Maecenas atavis edite regibus). — Mart. 10, 2, 7 ff. geht, obwol hier mehrere Dichter in Betracht kommen (vgl. Ovid. III., 14), im Grunde doch in der Färbung und zum Theil auch im Ausdrucke (et meliore tui parte superstes eris) auf Hor. Carm. 3, 30 zurück (multaque pars mei vitabit Libitinam). — Mart. 12, 63, 3 (oves Galaesi) wie Hor. Carm. 2, 6, 10. — Als besonders auffallend hebe ich hier die Benützung der zweiten Epode hervor, z. B. Mart. 5, 20, 5 (nec domos potentum forumque triste nossemus) Epod. 2, 7 (forumque vitat et superba civium potentiorum limina)[1]) Mart. 3, 58, 26 (sed tendit avidis rete subdolum turdis) Epod. 2, 33 (tendit retia, turdis edacibus dolos). Das letzte Gedicht ist überhaupt voll von Reminiscenzen aus jener Epode, z. B. v. 10 und Epod. 2, 11; v. 22 und Epod. 2, 65 u. a. Vgl. noch Mart. 1, 69, 19 ff. (hier auch der Uebergang at cum December u. s. w. wie Epod. 2, 29) Mart. 13, 61 Jonicarum attagenarum Epod. 2, 54. — Mart. 10, 76, 6 (lingua doctus utraque) Hor. Carm. 3, 8, 5 (docte sermones utriusque linguae). — Mart. 7, 19, 1 (der Versausgang inutile lignum) Hor. Sat. 1, 8, 1 [2]). — Der Hexameterschluss conviva Tonantis bei Mart. 9, 91, 5 scheint darum erwähnenswert, weil er sich auch bei Stat. Theb. 6, 282 in einer Stelle über Tantalus findet und darum seinen Ursprung aus dem horazischen conviva deorum Carm. 1, 28, 7 nicht undeutlich verräth. Noch entschiedenere Nachahmung übrigens im Gedichte de fortunae viciss. bei Wernsdorf poet. lat. min.

---

[1]) Anderes für diese Stelle in den Testimonia der Horazausgabe von Keller und Holder I, 187.

[2]) Der Ausgang, auch aus den Ovidstudien (III, 27) bekannt, fiel mir noch in Priap. 74, 3 auf und dürfte wol den unten am Schlusse kurz zu berührenden beizuzählen sein, die in der leichteren Poesie Mode wurden.

III. p. 243 v. 9 (Tantalus infelix, dicunt, conviva deorum). — Claudian. VI. Cons. Honor. praef. 21 (nec me mea lusit imago, irrita nec falsum somnia misit ebur) weist entschieden auf Hor. Carm. 3, 27, 40 (an ludit imago vana, quae porta fugiens eburna somnium ducit). — Die ganze Partie bei Claudian. in Ruf. I, 196 ff. zeigt unzweifelhaft horazische Färbung, nicht nur in den Gedanken und Wendungen, sondern häufig auch im Ausdrucke (z. B. Claud. 215 vivitur exiguo melius Hor. Carm. 2, 16, 13 vivitur parvo bene Claud. 200 semper inops, quicunque cupit Hor. Epist. 1, 18, 98 semper inops cupido. Bes. vgl. Hor. Epist. 1, 10, 18 ff, wo, abgesehen von den übrigen auch gewiss nicht zufälligen Aehnlichkeiten, selbst die Versausgänge öfter auffallend stimmen (z. B. vellera fucos Claud. 1. c. 207 Hor. l. c. 27 murmura rivi Claud. 214 Hor. 21). — Ebenso sicher ist die Benützung des Horaz in Claudian. de bello Gild. v. 41 ff. nur mit dem Unterschiede, dass hier nur eine Stelle nämlich Carm. 1, 2, 1 ff. vorschwebte (z. B. Claud. 43 et Pyrrhae secula sensi Hor. 5 grave ne rediret seculum Pyrrhae Claud. 41 fluvium per tecta vagum Hor. 17 vagus et sinistra u s. w.) — Für die Art, wie Claudian manchmal unerwartet und ziemlich versteckt seine horazische Ausbeute geschickt anzubringen versteht, nicht ganz uninteressant sind besonders die Ausdrücke im Gleichnisse vom Piratenschiff VI. Cons. Honor. 137 ff (z. B. 136 viduata remigibus Hor. Carm. I, 14, 4 nudum remigio latus Claud. 137 antennis saucia fractis Hor. 5 malus saucius Africo antennaeque gemunt Claud. 138 ludibrium pelagi vento iactatur Hor. 15 tu nisi ventis debes ludibrium). — Aehnliches in einem grösseren Abschnitte finden wir bei Claudian. IV. Cons. Honor. 401 ff., wo der ganze Ton der väterlichen Unterweisung bei Hor. Sat. 1, 4, 105 ff. ganz unverkennbar nachgeahmt wird, aber mit entschiedenerem Talent, ohne bedeutende Wortanklänge und in einer Weise, die sonst bei röm. Dichtern in ähnlichen Fällen nicht allzuhäufig ist und die auch noch bei der Nachahmung eine gewisse Selbständigkeit zeigt. (Vgl. z. B. Claud. 403 triste rigor uimius? Torquati despue mores Hor. 111 a turpi meretricis amore cum deterreret: Sectani dissimilis sis a. s. f.). — Besonders bemerkenswert ist hier auch die Vorliebe des Claudianus für von Horaz gebrauchte Gleichnisse und Bilder, die hauptsächlich dann sich offenbart, wo es sich um Stellen handelt, die bei den Augusteern durchaus nicht als Gemeinplätze bezeichnet werden können, oder dort, wo selbst die horazische Form noch bedeutend durchschimmert, z. B. Claud. Fescenn. 4, 18 (tam iunctis manibus nectite viucula, quam frondens edera stringitur aesculus) Hor. Epod. 15, 5 (artius atque hedera procera adstringitur ilex, lentis adhaerens brachiis) vgl. Carm. 1, 36, 21 [1]). — Claud. Fescenn. 1, 1 Hor. Carm. 3, 9, 21 (sidere pulchrior). Claud. R. P. 3, 141 Hor. Epod. 1, 19 (Vergleichung mit der bekümmerten Vogelmutter). Claud. Epist. 1, 35 ff. (das Bild vom Blitze und Winde, die das Hochgelegene erschüttern, das Niedrige verschonen) geht schliesslich wol sicher auf Hor. Carm 2, 10, 9 ff. zurück, obschon die eigenthümliche Verwertung von Seite des Dichters auch hier anzuerkennen ist und bemerkt werden muss, dass vielleicht für den Ausdruck zunächst auch die eine oder andere von den diesbezüglichen horazischen Nachahmungen in den Tragödien des Seneca irgend einen Einfluss ausgeübt haben könnte (vgl. bes. Phädr. 1137 ff. und die fast wörtliche Wiederholung in Oedip. 8). Auch die Stelle Claud. III. Cons. Honor. 77 ff.) Vergleichung mit dem jungen Löwen), für die jüngst Unger[2]) direkten horaz. Einfluss behauptete, kann hier beispielshalber noch erwähnt werden, da in diesem Falle gerade wieder die Uebereinstimmung in einzelnen Ausdrücken auffällt

---

[1]) Das Bild an sich ist aus den Griechen bekannt genug und wurde unter den Römern bereits von Catull (61, 33) verwendet; häufig aber ist es bei letzteren gewiss nicht zu nennen und hier zeigt sich die direkte Nachahmung schon in der Wahl der Ausdrücke.

[2]) Emend. Hor. p. 51.

und darum solbst zu eine Vermittelung, wie sie früher zum Theile angenommen wurde, kaum mehr gedacht werden kann (z. B. Claud.] c. quem fulvae matris spelunca tegebat uberibus solitum pasci Hor. Carm. 4, 4, 14 fulvae matris ab ubere). — Wortzusammenstellungen, Fügungen u. dgl. berühren sich ebenfalls durchaus nicht selten (z. B. Claud. de nupt. Honor. 234 Hor. Carm. 1, 24, 13 (Thracius Orpheus); Claud. de bello Gild. 19 (Roma iura Britannis dividit) Hor. Carm. 3, 3, 43 (possit Roma dare iura Medis); Claud. Fl. Mall Cons. 234 (praeterneat ripas aehnlich wie Hor. Carm. 4, 7, 4 (ripas praetereunt) u. s. w. — Symphos. praef. 9 (nescio quas nugas est meditata diu) Hor. Sat. 1, 9, 2 (nescio quid meditans nugarum). — Symphos. praef. 16 (insanos inter sanum non esse necesse est) Hor. Sat. 2, 3, 40 (insanos qui inter vereare insanus haberi). — Symphos. aen. 13, 1 (formosae filia silvae vom Schiffe) Hor. Carm. 1, 14, 12 (silvae filia nobilis im nämlichen Sinne). — Symphos. aen. 14, 2 (nec eram iam matris in alvo) Hor. Carm. 4, 6, 19 etiam latentem matris in alvo) — Rutil. 1, 128 ff (selbst aus der Erniedrigung durch Hannibal ging Rom noch herrlicher hervor) entstand gewiss aus Hor. Carm. 4, 4, 65 ¹). — Sidon. IX, 217 (Stesichori graves Camenas) Hor. Carm. 4, 9, 8 (Stesichorique graves Camenae). — Authol. L. 769, 1 (absentum rodere vitam)

---

¹) Es ist dies auch eine von Unger (p. 84) betonte Stelle, an die er, eine der bestechendsten seiner Conjecturen knüpft; ich nahm dieselbe desswegen in meine auf diesem Gebiete aus den angeführten Gründen sonst so knappe und vorzüglich mit Rücksicht auf weniger Bekanntes ausgewählte Belegsammlung auf, weil ich durch den Hinweis auf die Art der anderen von uns angeführten Beispiele, die doch häufig bezüglich des Ausdruckes noch viel auffallender sind, noch einmal darauf aufmerksam machen möchte, wie bedenklich es immer bleibt, auf ein einzelnes Wort einer Nachahmung eine Conjectur zu bauen, mag diese auch noch so geistreich sein; L. Müller hat gewiss auch in dieser Beziehung das Richtige gesehen (vgl. Hor. praef. p. XII).

Hor. Sat. 1, 4, 81 (absentem qui rodit amicum). — Anth.
Lat. 444, 8 (quidquid Libyco secatur arvo) Hor. Carm. 1,
1, 10 (quidquid de Libycis verritur areis). — Anth. Lat.
445, 9 (plus quam dimidium mei) Hor. Carm. 1, 3, 9 (animae dimidium meae) bes. aber vgl. Carm. 2, 17, 3 ff., wo
mehrere Stellen fast vollständig stimmen und das eigentliche Vorbild jenes Gedichtleins zu finden ist. — Ebenso
zeigt Anth. Lat. 671 praef. in Gedanken und einzelnen Ausdrücken Benutzung des Horaz (z. B. v. 4 ff. Clio nil mori
clarum pateris Hor. Carm. 4, 8, 28 dignum laude virum
Musa vetat mori; v. 22 Hor. Carm. 4, 14, 40 decus adrogavit u. s. w.) Es liesse sich da noch Vieles aus den verschiedensten Perioden und Schriftstellern und ebenso Sicheres nennen, aber die angeführten Beispiele dürften für
unseren Zweck bereits vollständig genügen und ich glaube
darum nach dem oben Gesagten ohne Weiteres zum zweiten
Abschnitte übergehen zu sollen [1]).

B.

Ich beginne hier natürlich mit Seneca tragicus und gehe
dabei wol am Besten so vor, dass ich zuerst grössere Partieen
und den ganzen Charakter der diesbezüglichen horazischen
Nachahmung im Zusammenhange bespreche und dann eine
Sammlung von kleineren Stellen, Wendungen, Verbindungen
u. dgl. übersichtlich anreihe.

Dass sich die imitatio Horatiana in grösserer Ausdehnung hier hauptsächlich in den Chorliedern findet, ist selbst-

---

[1]) Für Manches bes. bei späteren Nachahmern verweise ich hier
beispielshalber noch kurz auf die testimonia bei Keller und Holder (I.
166; 177; 191. II, 23; 210 u. dgl.), wo unter Anderem auch eine
horas. Reminiscenz bei Symphosius entdeckt ist (I, 67). — Vgl. L.
Müller praef. XII, XVI, XX u. dgl.

verständlich und wurde auch bereits von Lucian Müller richtig angedeutet (praef. l. c. tum a Seneca, ipsa numerorum similitudine id conciliante). Interessant ist aber hier die eigenthümliche Art, wie der Dichter dabei vorgeht und dies um so mehr, da sie in derartigen Stellen verschiedener Tragödien, sowol in der Mehrzahl derjenigen, deren Aechtheit in neuester Zeit anerkannt wurde, als auch in den noch immer mehr oder weniger angefochtenen mit Ausnahme der Octavia im Wesentlichen überall dieselbe zu bleiben scheint. Diese Eigenthümlichkeit besteht darin, dass zumeist irgend ein bestimmter horazischer Passus den Grundton liefert, zugleich aber auch die verschiedensten anderweitigen Gedanken, Wendungen und Ausdrücke jenes Dichters eingeflochten werden. Betrachten wir z. B. den ersten Chorgesang in Hercules I, so führt uns die allgemeine Fassung und auch manches Einzelne bes. vom Vers 165 an zunächst auf Hor. Carm. 1, 1 (z. B. selbst die Form der Aufzählung Senec. 165 ff. Ille — Illum 194 ff. Alium — alios — Me Hor. 7 ff. Hunc — Illum — Me; Senec. 171 mobile vulgus cum tumidum tollit inani Hor. 7 mobilium turba Quiritium certat tergeminis tollere honoribus). Zugleich aber Uebergang zu anderen horazischen Gedanken und, was den Ausdruck betrifft, eine Reihe von Anspielungen auf die mannigfaltigsten Stellen; (die v. 176 ff. eingefügten Wendungen gehören mit zu den beliebtesten und am häufigsten wiederkehrenden des Horaz, dennoch aber lässt sich auch hier noch manchmal der zunächst vorschwebende Passus mit ziemlicher Bestimmtheit auffinden, z. B. v. 179 ff. dum fata sinunt — sorores nec sua retro fila revolvunt — recipit populos urna Hor. Carm 2, 3, 15 ff. dum sororum fila trium patiuntur — omnium versatur urna etc. vgl. Carm. 3, 1, 16). — Bei den einzelnen Ausdrücken ist bemerkenswert, dass sie nicht nur aus den Oden, sondern selbst aus den Satiren und Episteln ganz auffallend hergeholt sind, z. B. 168 gazis inhians et congesto pauper in auro Hor. Epist.

2, 2, 12 meo sum pauper in aere Sat. 1, 1, 70 congestis
undique saccis indormis inhians. — 197 caeloque parem
tollat et astris Sat. 2, 7, 29 tollis ad astra. — 203 sor-
dida parvae fortuna domus Carm. 2, 10, 6 obsoleti sordibus
tecti u. s. w. — Ganz ähnlich im Chor Thyest. 345 ff,
wo die Grundfärbung bei den stoischen Auseinandersetzungen augenscheinlich auf die Einleitung zur dritten Ode des
dritten Buches zurückgeht (z. B. 358 quem non concutiet
cadens obliqui via fulminis non Eurus aut saevo rabidus
freto ventosi tumor Hadriae Hor. 1. c. 4 mente quatit so-
lida, neque Auster, dux inquieti turbidus Hadriae, nec ful-
minantis magna manus Jovis), daneben aber im buntesten
Wechsel auch wieder Anderes ausgebeutet wird; (Vgl. 356
non quicquid libycis terit fervens area messibus Carm. 1,
1, 10 quidquid de Libycis verritur areis¹). — Die Wendung
391 ff., entsprechend der am Schlusse des vorher besprochenen Chorliedes, eine beliebte horazische Schlusswendung,
selbst in der Art der Anknüpfung sich verrathend: Herc.
f 200 me mea tellus lare secreto tegat Thyest 393 me
dulcis saturet quies. Vgl. z. B. Carm. 2, 16, 37 mihi
parva rura u. s. w.

Etwas mannigfaltiger ist die Anlage in Thyest. 546 ff.
trotz der Reminiscenzen, die sich da nicht nur aus Horaz,
sondern sogar aus anderen Dichtern nachweisen liessen (z.
B. 574 iam silet murmur grave classicorum, iam tacet stri-
dor litui strepentis Carm. 2, 1, 17 iam nunc minaci mor-
mure cornuum perstringis aures, iam litui strepunt; 612 omne
sub regno graviore regnum est vgl. Carm. 3, 1, 5 ff.; 560 otium
quis deus fecit Verg. Ecl. 1, 6 deus nobis haec otia fecit);
dennoch aber ist auch hier zu bemerken, dass die Gedanken
aus Carm. 1, 34 Schluss und 1, 35 Anfang, auf die selbst
Wortanklänge hinweisen (z. B. 598 ima permutat levis

---

¹) Eine bei Nachahmern sehr beliebte Stelle; vgl. oben S. 11
und die später noch folgenden Beispiele.

hora summis Hor. Carm. 1, 34, 12 valet ima summis mutare) schliesslich am breitesten ausgeführt werden.

Eine der ausgedehntesten und für unseren Zweck reichhaltigsten Partieen ist die in der Phädra 395 ff., wo die hier behandelten Reminiscenzen auch schon im Dialoge ziemlich rasch auf einander folgen und sich dann ebenso noch durch das unmittelbar folgende Chorlied hindurchziehen; z. B. 395 atque auro inlitas vestes Hor. Carm. 4, 9, 14 et aurum vestibus illitum ; 414 regina nemorum sola quae montes colis 420 Hecate triformis Carm. 3, 22, 1 montium custos nemorumque virgo 4 Diva triformis ; 417 o magna silvas inter et lucos dea clarumque caeli sidus et noctis decus C. S. 1 silvarumque potens Diana, lucidum caeli decus ; 496 aura populi Carm. 3, 2, 20 popularis aurae ; 516 ff. mehrfach zu vergleichen mit Epod. 2 bes. im Ausdruck, wie 516 aves querulae Hor. l. c. 26 queruntur aves ; 520 und Hor. 28 somnos leves u. s. w. Im Chore wieder ein Gedanke verhältnissmässig weitläufig ausgeführt, der von der Vergänglichkeit der Jugendschönheit; allerdings findet sich derselbe bei den antiken Dichtern überhaupt und bei den römischen insbesondere [1]) häufig genug, aber unter den letzteren ganz vorzüglich häufig gerade bei Horaz und zudem scheint wieder Manches in der Auordnuug und Ausführung ziemlich direkt auf eine bestimmte Stelle desselben, nämlich auf Carm. 2, 11, 5 ff. hinzuweisen; so z B. das Gleichniss 772 non sic prata novo vere decentia aestatis calidae despoliat vapor Hor. l. c. 9 non semper idem floribus est honor vernis [2]); 781 res est forma fugax Hor. 5 fugit retro

[1]) Vgl. Ovid. 1, 47 ff. III, 12.
[2]) Die nähere Verwandtschaft dieser beiden Stellen wird erst recht klar, wenn man dieselben mit anderen zur genannten Ode des Horaz in den Commentaren gewöhnlich angeführten Versen z. B. Tib. 1, 4, 27 ff. zusammenhält, wo wol der Gedanke Im Allgemeinen stimmt, die Ausführung im Einzelnen und der Ausdruck aber sehr verschieden sind.

decor. 782 bei der Aufforderung auch die Wendung mit dum
licet eingeleitet, wie Hor. 16, das bei diesem in ähnlichem
Zusammenhange auch sonst beliebt ist, z. B. Carm. 4, 12,
26. Sat. 2, 6, 96. Epist. 1, 11, 20. Zudem folgt auch
gleich darauf eine noch sicherere Reminiscenz, indem 805
lucebit pario marmore clarius zweifellos auf Hor. Carm. 1,
19, 6 splendentis Pario marmore purius anspielt. Derartiges
gäbe es noch Mehreres, unser Zweck ist aber wol schon
durch das Angeführte erreicht.
Im Chorlied Oedip. 903 ff. der Hauptgedanke: Lob der
Mittelstrasse = Hor. Carm. 2, 10, 1 ff., auf welches Gedicht
auch schon gleich im Aufange das Bild von der Schifffahrt
zurückweist. Daneben aber wieder manches Einzelne (z. B.
907 antennae tremant Cann. 1, 14, 6 antennaeque gemunt
919 [vom Icarus] nomen eripuit freto Carm. 4, 2, 4 daturus
nomina ponto u. a.).
Derselbe Gedanke auch vorwiegend im Chorgesange
Agamemno 57 ff., wo Carm. 2, 10, 1 ff. besonders am
Schlusse ganz offen benützt ist, so dass z. B. statt des
Bildes vom Icarus das horazische und zwar fast wörtlich
beibehalten wird: 96 feriunt celsos fulmina colles Hor. 11
feriuntque summos fulgura montes u. s. w. Interessant
ist dann noch, dass im Chore Herc. II 586 ff, jenem eigenthümlichen Gemische von horazischen Gedanken und Wendungen (z. B. 625 ff zu vgl. mit Carm. 2, 2, 10 ff. und
bes. 3, 16, 40 ff. — 647 ff. öfter mit Carm. 3, 1, 17 ff.,
manchmal mit auffallender Beibehaltung des Ausdruckes wie
659 carpit faciles vilesque cibos, sed non strictos respicit
enses Hor. l. c. destrictus ensis cui super inpia cervice
pendet, non Siculae dapes u. s. w.) schliesslich auch wieder
der oben besprochene Gedanke verhältnissmässig am breitesten ausgeführt wird, wobei beachtenswert ist, dass das
Bild auf die Stelle im Oedip. zurückführt (jedoch hier mit
dem offenen zweimal [689 und 694] wiederholten dedit nomina ponto), der Schluss sich aber zunächst an Agam.

106 und mit diesem enge an Carm. 2, 10, 3 selbst in Ausdrucke anschliesst: 698 stringat litora puppis Agam. l. c. stringit litora Hor. premendo litus. Ziehen wir nun noch die diesbezüglichen, schon oben bei Claudian citirten Stellen Phädr. 1137 und die fast gleichlautende Oedip. 8, die sich wieder zunächst mit der besprochenen in Herc. II berühren, hieher, so dürfte die ganze Erscheinung nicht nur für die Art der horaz. Nachahmung in diesen Tragödien, sondern wol auch noch in anderer Beziehung belehrend sein.

Recht lohnend ist dann ferner für unsere Aufgabe unter Anderem auch eine kurze Betrachtung des Chores Med. 301 ff. Der Grundton trotz der mehrfachen Behandlung dieses Stoffes (Kühnheit des ersten Schiffers)[1]) entschieden aus Hor. Carm. 1, 3, 9 ff., was auch gleich wieder der Eingang verräth (audax nimium qui freta primus rate tam fragili perfida rupit Hor. l. c. illi robor circa pectus erat, qui fragilem traci commisit pelago ratem primus) und was sich auch im folgenden öfter klar genug zeigt (z. B. 311 nondum pluvias hyadas Hor. 14 nec tristes Hyadas; für den Gedanken 335 vgl. Hor. 21 u. s. w.) jedoch so, dass auch hier, besonders für den Ausdruck und für Wortverbindungen auch andere horaz. Stellen in Betracht kommen (das palluit audax v. 347 schon von Delrius zurückgeführt auf Hor. Carm. 3, 27, 28 [pontum mediasque frandes palluit audax]; 359 thraclus Orpheus wie Carm. 1, 24, 13, und dgl.).

Das Lob- und Danklied im Agamemno 311 ff. erinnert in der allgemeinen Haltung, besonders im ersten Theile, wo es sich auf Phöbus bezieht, unwillkürlich an ähnliche Stellen horazischer Lieder (z. B. 311 canite o pubes inclita Phoebum Hor. Carm. 4, 6, 31 ff. virginum primae puerique rite Latonae puerum canentes — vgl. Carm. I, 21, 1 und zum Theile das C. S.), wobei freilich zu be-

---

[1]) Vgl. Ovid. I, 117. III, 13.

merken ist, dass auch hier die horazische Färbung noch
durch andere eingestreute Reminiscenzen bedeutend gesteigert wird (z. B. 329 graves levibus telis pone pharetras
Carm. 1, 22, 3 nec venenatis gravida sagittis, Fusce, pharetra 335 leviore lyra Carm. 2, 1, 40 leviore plectro 370
quae dardanias cuspide turres saepe petisti Carm. 4, 6,
7 dardanas turres quateret tremenda cuspide pugnax[1]) 405
ff. generis nostri Juppiter auctor tuam respice prolem Carm.
1, 2, 35 sive neglectum genus respicis auctor u. ä.).

Schliesslich sei hier noch der Chor in Herc. II 1035
ff. kurz erwähnt, wo im breit ausgeführten Passus über
Orpheus überhaupt und besonders über die Wirkung seines Gesanges in der Unterwelt (1072 ff. vgl Carm. 3, 11,
21 ff.). gar Manches an Horaz erinnert; allerdings kann
man hier auch an eine Einwirkung diesbezüglicher Stellen
anderer Dichter denken[2]), wie mir denn eine solche besonders von Seite der vergilischen gewiss nicht unwahrscheinlich ist[3]); aber sie dürfte doch nur eine theilweise
sein, da auch in diesem Chorliede wieder ausserdem noch
der Ausdruck manchmal auf direkte Vertrautheit mit Horaz
hinzuweisen scheint (z. B. 1095 flebilibus modis Hor.
Carm. 2, 9, 9 — 1055 nive candidus Carm. 1, 9, 1; 3,
25, 10). Diese bisher ausführlicher besprochenen Partieen
dürften nun schon deutlich genug gezeigt haben, was ich
oben meinte und ich kann jetzt wol Anderes blos mehr in
der knappen Form eines Verzeichnisses ausheben.

---

[1]) Vgl. mit dieser Stelle auch Manil. IV, 217.
[2]) Vgl. Ovid. III, 18.
[3]) Einiges bereits, s. B. von Voss. und Forbiger verglichen.
Uebrigens sei hier nebenbei noch bemerkt, dass gerade bei diesem
Thema, das sonst zu den allergewöhnlichsten Gemeinplätzen gewiss
nicht zu zählen ist, das wechselseitige Ineinandergreifen im Ganzen
und Grossen und in einzelnen Ausdrücken uns wieder das eklektische
Verfahren in der röm. Poesie von der früheren bis in die spätere Zeit
ganz gut charakterisirt.

Der Gedanke Herc. I 33 (superat et crescit malis) wie Carm. 4, 4, 59 — Gedanke und Ausdruck Thyest. 459 (retro mare jacta fugamus mole) wie Carm. 3, 1, 33 (contracta aequora jactis in altum molibus) — die Wendung Thyest. 134 (nec succedat avo deterior nepos) wie Carm. 3, 6, 46 — Herc. I 14 (clara gemini signa Tyndaridae) und 556 (geminum Tyndaridae genus succurrunt timidis sidera navibus) nach Carm. 4, 8, 31 (clarum Tyndaridae sidus ab infimis eripiunt aequoribus rates[1]) — Thyest. 26 (nec sit irarum modus pudorve' wie Carm. 1, 24, 1 (quis desiderio sit pudor aut modus) — Oedip. 47 (gravis incubat terris vapor) vgl. Epod. 3, 15 (nec tantus insedit vapor Apuliae) — Oedip. 512 (infusis umero capillis) Carm 3, 20, 14 (sparsum odoratis umerum capillis[2]) — Troad. 387 (an toti morimur nullaque pars manet nostri) Carm. 3, 30, 6 (non omnis moriar multaque pars mei) — Herc. II 870 (levis una mors est) wie Carm. 3, 27, 37 — Herc. I 1323 (herculeus labor) vgl. Carm. 1, 3, 36 — Troad. 722 (reges atavos) aus Carm. 1, 1, 1 — Herc. II 1550 (comas nullo cohibente nodo) Carm. 3, 14, 22 (nodo cohibente crinem) — Troad. 450 (somnus obrepsit) wie Epist. 2, 3, 360[3]) — Med. 718 (bruma decussit decus nemorum) berührt sich zugleich mit Hor. Epod. 11, 5 (December silvis honorem decutit) und Verg. Georg. 2, 404 (silvis Aquilo decussit honorem) — Med. 43 inhospitalem Caucasum[1]) wie Epod. 1, 12. — Interes-

---

[1]) Nebenbei sei bemerkt, dass diese Stellen wol zweifellos auch unserem Schiller vorschwebten in der Braut von Messina 4. Aufz. 9. Auftr.: „wie des Himmels Zwillinge, ein leuchtend Sternbild." Antike Reminiscenzen bei Schiller scheinen überhaupt nicht selten zu sein (Vgl. Ovid. I, 92).

[2]) Vgl. Ovid. III, 22.

[3]) Ovid. III, 32.

[4]) Der Vers von P. R. eingeklammert. — Die von Keller und

sant für eine Erscheinung in der röm. Poesie, die wir weiter unten zu berühren haben werden, scheint der Vers Thyest. 936 rectum inpositas ferre ruinas, der bei der theilweisen Aehnlichkeit des Gedankens mit Carm. 3, 3, 7 wol dadurch entstand, dass dem Dichter das horazische inpavidum ferient ruinae in den Ohren klang und so trotz der Verschiedenheit der verwendeten Wörter eine gewiss nicht zu läugnende Aehnlichkeit hervorrief. Am Schlusse bleibt hier noch Einiges über die Octavia zu bemerken, obwol in derselben wirklich sichere Nachahmungen, selbst in kleinerem Maasstabe, leicht zu zählen sind. Zu dem Auffallendsten dürfte v. 235 (mentesque nostras ignibus terret sacris novisque monstris) gehören, der in der Färbung auf Carm. 1, 2, 3 ff. zurückgeht; für 801 (per nefas ingens ruunt) vgl. Carm. 1, 3, 26 (ruit per vetitum nefas). Die im Chore 893 ff. der durch Beispiele aus der röm. Geschichte belegten Betrachtung über die Verderblichkeit der Volksgunst angefügte kurze Schluss-Strophe über die Gefährlichkeit der hohen Stellung im Allgemeinen mit dem bekannten oben besprochenen Bilde hat hier für uns wenig Wert, da sich schon in der ganzen Art der Anfügung der Nachahmer verräth, der diesen so auffallend beliebten Gemeinplatz der übrigen Tragödien doch auch einmal wolfeil anbringen wollte.

Nach so vielen Belegen können wir jetzt wol ohne Bedenken den kurzen Ueberblick anschliessen, den man zur Ergänzung des früher Gesagten über dieses Thema doch noch erwarten dürfte. Dass vor Allem die imitatio Horatiana in der in Rede stehenden Tragödiensammlung im Ganzen und Grossen eine viel ausgedehntere Rolle spielt, als dies bisher angenommen worden zu sein scheint, ist kaum noch besonders hervorzuheben. Im Einzelnen glauben

---

Holder zu Epod. 16, 52 citirte Stelle Herc. I, 989 scheint mir nicht besonders wichtig.

wir aber nach unseren Erfahrungen darauf hinweisen zu sollen, dass dieselbe neben der Octavia in den Phoenissae und dann zunächst in den Troades am wenigsten hervorzutreten scheint. Bei dem erstgenannten Stücke, für welches grössere und auffallende Abweichung in verschiedenen Punkten und, trotz der mannigfachen Ansichten im Einzelnen, doch im Ganzen eine bedeutende Verschiedenheit der Entstehung aus naheliegenden Gründen nun von allen Seiten anerkannt wird, kann es uns gewiss nicht überraschen, wenn wir den von uns besprochenen Einfluss nicht so und in jener ganz bestimmten Weise, besonders in grösseren Partieen wiederfinden, wie in der Mehrzahl der übrigen Stücke. Eher ist es vielleicht erwähnenswert, dass derselbe dennoch nicht vollständig zurücktritt, dabei aber doch nur ganz vereinzelt und ausserdem, wie in einem oben geflissentlich hervorgehobenen Beispiele, in einer Art sich zeigt, welche den selbst auf diesen Punkt der übrigen Tragödien wol aufmerksamen, aber nicht geschickten Nachahmer verräth. Es scheint diese Erfahrung für die, auch schon aus anderen Gründen sehr einleuchtende Ansicht G. Richters[1]) über die Entstehungszeit dieser Tragödie und gegen jene W. Braun's[2]) zu sprechen, da ein Nachahmer des Mittelalters wol kaum darauf verfallen wäre, auch diesem Punkte, der selbst bei den gründlichen Forschungen der neueren Zeit fast unbeachtet blieb, noch einige Beachtung zuzuwenden und denselben auf sichtlich wol durchdachte Weise doch wenigstens hie und da vertreten zu wollen. Für die Phoenissae könnte allerdings zunächst die verhältnissmässig geringe Zahl der Verse und, was für diesen Fall noch wichtiger ist, der Mangel an Chorliedern in

---

[1]) Zur Frage über den Ursprung der Tragödie Octavia. Jahn'sche Jahrbücher 1867 S. 260 ff.

[2]) Die Tragödie Octavia und die Zeit ihrer Entstehung. Kiel 1863. — Zur Tragödie Octavia. Jahn'sche Jahrb. 1869 S. 675 ff.

Betracht kommen; ich muss aber gestehen, dass für dieses Stück wol noch Anderes heranzuziehen sein dürfte und dass ich für meine Person nach gewissenhaften Beobachtungen auch über allgemeinere Punkte mich so ziemlich dem Urtheile Bernhardy's anschliessen möchte, der hier auch im Schema, im Ausdruck und in der Wortstellung Verschiedenheit von den übrigen Tragödien findet[1]). Am auffallendsten bleibt die Sache bei den Troades Wir haben da eine ganz hübsche Anzahl von Chorpartieen und dennoch suchte ich in ihnen vergebens nach Beispielen für jene eigenthümliche Manier der horazischen Nachahmung, die sich sonst so häufig ohne Weiteres von selbst darbot; dagegen machte sich Einiges und mitunter recht Schlagendes im Dialoge bemerkbar und zwar in einer Art, die an sich doch durchaus nicht geeignet ist, irgend einen Verdacht zu erregen, vielmehr mit Einzelheiten in anderen Tragödien stimmt. Im Ganzen jedoch steht das Stück, was die imitatio Horatiana anbelangt, keinesfalls auf gleicher Linie mit der Majorität und bildet, wenn wir von den Phoenissae ganz absehen, in dieser Beziehung gewissermaassen ein Mittelglied zwischen jener Mehrzahl und der Octavia. Manches Eigenthümliche hat die Tragödie unläugbar auch sonst und nicht mit Unrecht scheint mir auch in neuerer Zeit M. Rapp auf diesen allgemeinen Unterschied hingewiesen zu haben[2]). Obwol ich aus diesem Zusammentreffen von Umständen keine weiteren Folgerungen ziehen will, so musste ich doch als gewissenhafter Forscher jedesfalls darauf aufmerksam machen. Für die übrigen Tragödien aber und somit für die Mehrzahl scheint mir die Behauptung einer „certa aequabilitas" auch in diesem Punkte nach den angeführten Beweisstellen wol kaum zu gewagt

---

[1]) Röm. L.It. S. 438.
[2]) Geschichte des griech. Schauspiels vom Standpunkte der dramatischen Kunst. Tübingen 1862. S. 391.

und wir kämen darum für dieselben auch hier so ziemlich auf das hinaus, was L. Müller auf einem allgemeineren Gebiete zu entdecken glaubte[1]). Hiemit schliesse ich meine Bemerkungen ab, denen man hoffentlich Unbefangenheit nicht absprechen wird.

Indem wir nun zu Statius übergehen, können wir uns wieder viel kürzer fassen, da es sich hier einfach um Constatirung der Thatsache durch möglichst sichere Belege ohne einen weiteren Nebenzweck handelt und ein paar übersichtliche Bemerkungen, die zur Ergänzung des schon anfangs Betonten etwa noch nothwendig sein sollten, wol am Besten schliesslich kurz anzufügen sein dürften. Der Ausdruck für die Unvergänglichkeit Silv. 1, 1, 91 ff. (non hoc imbriferas hiemes opus aut Jovis ignem horret annorumve moras u. s. w.) schliesst sich enge an Hor. Carm. 3, 30, 3 ff. und an die diesbezügliche ovidische Nachahmung Met. 15, 871 ff.[2]). — In der Stelle von der Vergänglichkeit alles Irdischen Silv. 2, 1, 213 ff. (hos bella, hos aequora poscunt, his amor exitio . . ibimus omnes . . urnam quatit Aeacus) unverkennbarer Einfluss von Carm. 1, 28, 15 ff. und 2, 3, 25 ff. Das Geleitsgedicht Silv. 3, 2, 1 ff ist in seinem ersten Theile bis v. 12 augenscheinlich erweiternde Nachbildung von Hor. Carm. 1, 3, 1 ff, wobei nicht nur die ganze Anlage (Wünsche, Kühnheit des ersten Schiffers, Verwegenheit der Menschen und deren Folgen), sondern öfter auch der Ausdruck auffallend auf das Vorbild hinweist (z. B 7 animae partem nostrae maiorem Hor. l. c. 8 animae dimidium meae und Carm. 2, 17, 5 meae partem animae — 42 ff. et pater, frangit

---

[1]) De re metr. p. 54: sed in ceteris fabulis omnium rerum sive ad dramaticam artem sive ad dictionum proprietates spectantium certam claramque agnoscimus aequabilitatem.

[2]) Vgl. Ovid. III. 14; für Anderes bei Stat. vgl. das oben S. 6 Bemerkte.

qui carcere ventos, obiecto Boream Eurumque Notumque
monte premat: soli Zephyro sit copia coeli Hor 3 vento-
rumque reg»t pater obstrictis aliis praeter Iapyga — 61
abscissum aequor Hor. 21 nequiquam deus abscidit u. s. w.).
Nebenbei scheint freilich anch Ov. Am. 2, 11, 1 ff. hie
und da benützt¹) (z. B. 54 fune soluto Ov. 23 — 127 ff.
die Schlusswendung), aber durchaus nicht in dem Maasse. —
Das carmen lyricum Silv. 4, 5, 1 ff. zeigt mehrfach horazische Färbung auch im Einzelnen (z. B. 17 non mille ba-
lant greges, nec vacca mugit Carm. 2, 16, 33 te greges
centum Siculaeque circum mugiunt vaccae — 25 dulce pe-
riculum Carm. 3, 25, 18; für den Schluss vgl. Carm. 2,
1, 39 u. ä.). — Die Partie Silv. 5, 1, 119 ff. floss unzweifelhaft aus Hor. Epod. 2, 39 ff. (vgl. z. B 121 ipsa
dapes modicas tradit, velut Appula coniux vel sole infecta
Sabina Hor. 41 Sabina qualis aut perusta solibus uxor
Apuli dapes inemptas adparet) — Ach. 1, 20 ff auffallende Nachahmung von Carm. 1, 15, 1 ff. im Einzelnen
schon von den Commentatoren²) verglichen, weshalb ich
hier nur noch bemerke, dass der erste Vers jener Ode dem
Statius noch einmal vorschwebte in Silv. 1, 2, 214 (pastor,
ad Idaeas Helena veniente carinas) und dass v. 9 (quantus equis, quantus adest viris sudor) in Theb. 3, 210
(quantus equis quantusque viris sudor) benützt erscheint. —
Für das Gleichniss Silv. 2, 6, 36 (quantum praecedit minores Luna faces u. s. w.) vgl. Carm. 1, 12, 47 (velut inter ignes Luna minores) — Für Theb. 1, 696 ff (Phoebe,
seu te Lyciae exercent dumeta, seu rore pudico Castaliae
flavos amor est tibi mergere crines) Vorbild Carm. 3, 4,
61 ff. (qui rore puro Castaliae lavit crines, qui Lyciae tenet dumeta etc.) — Ach. 1, 336 (fallitque tuentes ambi-
guus tenuique latens discrimine sexus) leichte Variation

---
¹) Vgl. Stat. ed. Dubner I, 365.
²) Vgl. die Zusammenstellung bei Mitscherlich zur Stelle des Hor.

von Carm. 2, 5, 22 (falleret hospites discrimen obscurum . . ambiguoque voltu) — Silv. 2, 2, 6 (et praelia non invidet ova Falernis) nach Carm. 2, 6, 19 (minimum Falernis invidet uvis) — für Theb. 1, 41 (quem prius heroum, Clio, dabis) vgl. Carm. 1, 12, 1 (quem heroa sumis celebrare, Clio) — Silv. 3, 3, 90 (quod messibus Afris verritur, quidquid terit area Nili) nach Carm. 1, 1, 10 (quidquid de Libycis verritur areis). — Aehnliches noch Vieles bes. für die Färbung der Gedanken, was Alles aufzuzählen zu weit führen würde; vgl. noch beispielshalber Silv. 2, 2, 121 ff. Carm. 3, 2, 17 ff. — Silv. 3, 3, 50 ff. Carm. 3, 1, 5 ff. — Silv. 5, 1, 154 Carm. 4, 7, 24; 2, 14, 2 — Silv. 2, 7, 114 Carm. 2, 13, 26 u. dgl. — Sonst nicht zu häufige Versausgänge, Wortverbindungen, einzelne Ausdrücke berühren sich natürlich auch nicht selten; z. B. Silv. 1, 2, 71 patritiis maioribus ortum Sat. 1, 5, 55 ab his maioribus orti Sat. 1, 6, 10 nullis maioribus ortos (auch andere ähnliche Verbindungen im Verschlusse bei Hor. auffallend beliebt vgl. Epist. 1, 6, 22 peioribus ortus Sat. 1, 6, 73 magnis e centurionibus orti Carm. 4, 6, 32 patribus orti) — Silv. 1, 2, 157 temperat annum wie Epist. 1, 12, 16 — Silv. 1, 5, 25 praeceps Anien aus Carm. 1, 7, 13 — Theb. 7, 298 (expertem thalami crudumque maritis) nach Carm. 3, 11, 11 (nuptiarum expers et cruda marito) — Theb. 2, 710 leves galeas wie Carm. 1, 2, 38 — Theb. 10, 374 malus Juppiter = Carm. 1, 22, 20 — Theb. 12, 760 (audax morte) Carm. 1, 37, 29 (morte ferocior) u. s. w. Durch diese Beispiele, die, was Sicherheit anbelangt, kaum viel zu wünschen übrig lassen, ist die von uns betonte Wichtigkeit der imitatio Horatiana bei Statius wol bereits zur Genüge nachgewiesen; wir finden da die Nachahmung bei den verschiedensten Gelegenheiten und in allen Phasen, von der grösseren Partie angefangen bis hinab zur einzelnen Phrase. Es dürfte darum bei diesem Dichter in Zukunft auch Horaz neben

Vergil[1]) und Ovid[2]) immerhin ausdrücklich wegen seiner Einwirkung zu nennen sein, da diese durchaus nicht als eine blos nebenhergehende betrachtet werden kann. Was dann die Methode der Nachahmung betrifft, so ergibt sich aus den Belegen von selbst, dass dieselbe häufig nur gar zu plump auf das Vorbild zurückweist und dass dabei wol nur in verhältnissmässig seltenen Fällen noch eine Spur von jenen geistreichen Mitteln getroffen wird, durch welche uns in früherer Zeit und auch später noch vereinzelt bei Claudian selbst solche Nachahmungen einigermassen erträglich werden. Es tritt schon da in vielen Fällen so ziemlich bestimmt jener Drang in den Vordergrund, einfach um jeden Preis durch Gelehrsamkeit zu glänzen und dabei in der Wahl der Gelegenheit nicht mehr sehr scrupulös zu sein. Die ganze Erscheinung könnte vielleicht nicht unpassend als ein weiterer bedeutender Schritt, als ein Uebergang zur diesbezüglichen Manier des Ausonius bezeichnet werden. Schliesslich glaube ich noch als gar nicht uninteressant hervorheben zu sollen, dass, wie der Einfluss des Horaz sich etwa nicht nur in den Silvae, sondern auch in den eigentlich epischen Gedichten zeigt, so auch andererseits der des Vergil über beide Dichtungsarten sich erstreckt, ja gerade in den Silvae, wo wir dies bei ihm weniger erwarten sollten, manchmal recht auffallend hervortritt. Z. B. Silv. 1, 1, 12 nach Aen. 2, 238. Silv. 1, 4, 107 vgl. Aen. 12, 401 ff. Silv. 3, 1, 75 nach Aen. 4, 168. Silv. 3, 1, 122 aus Aen. 8, 446. Silv. 3, 3, 208 f. nach Aen. 11, 97 f. u. s. w.

Es erübrigt uns nun noch der Nachweis für Ausonius, für den ich auf folgende, nach den verschiedensten Gesichtspunkten ausgewählte Belege verweise:

---

[1]) Vgl. Bähr R. L. S. 158. — Teuffel (mit treffender Hervorhebung des bedeutendsten Punktes) S. 633.
[2]) Bernhardy R. L. S. 514.

Epigr. 13, 5 folgt nach wörtlicher Benützung einer Stelle Juvenals (vgl. Sat. 9, 129 obrepit non intellecta senectus) die Wendung: quereris, quod non aut ista voluntas tunc fuit, aut non est nunc ea forma tibi, deren Fassung an Hor. Carm. 4, 10, 7 mahnt: quae mens est hodie, cur eadem non puero fuit? vel cur etc.[1]). — Auch im Epigr. 143 (de fortunae varietate) trotz der Allgemeinheit des Gedankens, der in dieser Färbung schon bei den Griechen öfter wiederkehrt, im latein. Ausdruck sicher zunächst Anschluss an Horaz; (2 mutat vices vgl. Carm. 4, 7, 3 — 3 summa in imum vertit etc. vgl. Carm. 1, 34, 12 valet ima summis mutare nnd Carm. 1, 35, 2 ff.) — Eigenthümliche, für unseren Dichter bezeichnende Benützung mehrerer Oden mitten unter Reminiscenzen aus anderen Dichtern (z. B. Persius und Martial) in Ephem in. (3 und 4 tu, velut primam mediamque noctem, Parmeno, dormis formell sicher anklingend an Carm. 1, 25, 7 me tuo longas perennte noctes, Lydia, dormis — 10 sopor altus urget Carm. 1, 24, 5 perpetuus sopor urguet — 18 surge, ne longus tibi somnus, unde non times, detur = Carm. 3, 11, 38). Auch im nnmittelbar Folgenden scheint in Parecbas. 11 ff. auf Carm. 1, 19, 13 ff. angespielt. — Für Prof. I, 17 f. vgl. Sat. 1, 4, 11 — Prof. VI, 51 ff. wörtliches Citat von Carm. 2, 16, 27 mit Angabe des Auctors. — Prof. VIII die Eingangsstrophe (Romulum

---

[1]) Jedenfalls wird hier auch die Stelle des Terentius (Heeyr. 71), die schon für Horaz von den Scholiasten citirt wird, recht sehr und zwar um so mehr in Betracht kommen müssen, da Auson. auch mit jenem Dichter direkt so wol vertraut ist; aber gleichzeitige Erinnerung an Horaz wird doch immer zuzugeben sein, wenn man die ganze Haltung und Anlage der beiden kurzen Gedichtlein vergleicht. Für die schon in der griech. Literatur gegebenen Beispiele dieser Art vgl. die Bemerkungen von Mitscherlich und Obbarius zu Horaz und Tollius und (genauer) Souchay zu Ausonius. — Vgl. übrigens auch L. Müller Horat. praef. p. XXXVI.

post hos prius, an u. s. v.) wieder ganz offenbare und
nüchterne Nachahmung von Carm. 1, 12, 33 ff — Epitaph Her. 17, 2 pulvis et umbra sumus = Carm. 4, 7,
16. — Verhältnissmässig wolthuend die horaz. Färbung in
Idyll. 3, 11 ff., obwol auch hier Einzelnes noch ziemlich
plump auf das Vorbild hinweist, wie das Beispiel v. 13
spargit Aristippus mediis in Syrtibus aurum vgl. Sat. 2,
3, 100 Aristippus, qui servos proicere aurum in media
iussit Libya — Idyll. 4, 59 (et adstricto percurris pulpita
socco) aus Hor. Epist. 2, 1, 174. — Nicht unähnlich der
vorletzten Stelle ist Epist. 4, wo im Eingange, freilich
wieder neben anderen Reminiscenzen im Einzelnen (z. B.
4 der zweite Halbvers = Verg. Aen. 4, 212; 5 vollständig = Aen. 4, 480), im Ganzen doch der Ton der horaz.
Episteln nicht ganz unglücklich nachgeahmt ist; vgl. z. B.
2 iubeo salvere Hor. Epist. 1, 10, 1 salvere inbemus;
für die allgemeine Fassung bes. der Fragen vgl. Epist. 1,
3, auf welche Stelle selbst der Ausdruck manchmal hin-
zudeuten scheint (3 extremis positus telluris in oris
Epist. 1, 3, 1 quibus terrarum militet oris), obwol auch
auf diesem Gebiete noch Vermischungen stattfinden, wie v.
8, wo der erste Theil noch an Epist. 1, 3, 6 und 7 erinnert, der Schluss aber (et cantor Apollo) aus Epist 2, 3,
407 geholt ist. Vgl. noch 7 (lacrimosa colonica fumo) mit
Sat. 1, 5, 80¹) u. a. — Epist. 9, 13–18 wieder horaz.
Reminiscenzen, wobei 14 ff. (qualem Penelopae nebulonum
mensa procorum, Alcinoique habuit nitidae cutis uncta iuventus) als nicht allzu geistreiche Variation von Hor.
Epist. 1, 2, 28 f. (sponsi Penelopae, nebulones, Alcinoique in cute curanda plus aequo operata iuventus) hervorzuheben ist. — Epist. 10, 25 (sus lutulenta fugit, rabidus
canis etc.) aus Hor. Epist. 2, 2, 75 (hac rabiosa fugit

---

¹) Vgl. Ovid. III, 32.

canis, hac lutulenta ruit sus)¹). — In der nämlichen Epistel v. 35 f. (ad quae si properas, tota cum merce tuarum veni Camenarum citus) nach Carm. 4, 12, 21 f. (ad quae si properas gaudia, cum tua velox merce veni). — Den Dichter trefflich charakterisirend die Stelle in der macaronischen Epistel²) 12, 44, wo aus Hor. Carm. 2, 3 der 15. Vers (duin res et aetas et sororum) wörtlich angeführt, der folgende mit leichter Veränderung in's Griechische übersetzt wird (νήματα πορφύρεα πλέκοντα). — Nicht weniger bezeichnend ist die Art, wie die Pointe des horaz. Gedichtes an Chloe Carm. 1, 23, 9 (atqui non ego te tigris ut aspera Gaetulusve leo frangere persequor) von Ausonius in der Epistel an seinen ehemaligen Lehrling Tetradius, der sich dem eiteln Lehrmeister, dem poeta consul gegenüber später zu wenig aufmerksam benahm, ohne Weiteres fast wörtlich verwertet wird (Epist. 15, 15 non ut tigris te, non leonis impetu u. s. v.). — Der Vers Hor. Epist 2, 1, 234 (rettulit acceptos, regale nomisma, Philippos mit geringer Veränderung benützt in Epist. 18, 5; der Versschluss noch einmal Epist. 5, 19. — Epist. 18, 30 f. eine verhältnissmässig erträgliche Nachahmung von Hor. Sat. 1, 10, 23 f. — Interessant wieder das Vorgehen in Epist. 22, 11 ff., wo die Vergleichung dem grösseren Theilo nach (horrens capillis ut marinus asperis echinus) wörtlich aus Hor. Epod. 5, 27 f. ausgeschrieben, schliesslich aber dem horazischen aut Laurens aper überraschend und launig ein aut versus mei substituirt wird. — Benützung der verschiedenartigsten horazischen Stellen in ziemlich rascher Folge in der zweiten Hälfte von Epist. 24 bes. v. 90 ff. (z. B. 91 secernunt turbis popolaribus Carm. 1, 1, 32 se-

¹) Andere diesbezügliche Stellen in den Testimonia bei Keller und Holder II, 208, wo aber die unsrige, gewiss interessanteste übersehen ist.

²) Vgl. darüber R. Köhler im Rhein. Mus. XII. S. 434 ff.

cernunt populo — 97 egelidae ut tepeant hiemes etc. Epist.
1, 10, 15 est ubi plus tepeant hiemes — 102 hiemem contristat Aquarius unda Sat. 1, 1, 36 inversum contristat
Aquarius annum — 119 nostrum decus Carm. 1, 1, 2 und
0. — 120 votis, ominibusque bonis, precibusque vocatus
aus Carm. 4, 5, 13 votis ominibusque et precibus vocat
u. dgl.). — Schliesslich sei hier nur noch im Vorbeigehen
berührt, dass in den Periochae in Hom. Il. et Od., wo
sonst für die metrische Uebersetzung der Eingangsverse
am gewöhnlichsten vergilische Stellen ausgebeutel werden[1]),
bei Odyss. I mit richtigem Takte die Verse Hor. Epist. 2,
3, 141 f. vorangestellt sind; ebenso wenig oder vielmehr
noch weniger überraschend, aber immerhin bemerkenswert
ist die Aehnlichkeit mit der horaz. Form an solchen Stellen, wo es sich um andere Uebersetzungen aus dem Griechischen oder um sprichwörtliche Ausdrücke u dgl. handelt (z. B. Epigr. 81, 1 incipe: dimidium facti est coepisse Hor. Epist. 1, 2, 40 dimidium facti, qui coepit, habet — Idyll. 16, 5 teres atque rotundus = Sat. 2, 7, 86 —
Idyll. 12 (Inconnexa) 3 qui recte faciet, erit rex Epist. 1,
1, 59 rex eris, si recte facies u. ä.).

Einzelne Ausdrücke, kleinere Wendungen, Versausgänge u. dgl. erinnern natürlich auch hier häufig und auffallend genug an Horaz; ich gebe zur Vervollständigung
des Bildes auch davon wieder einige Proben: vitiosa libido
Auson. Epigr. 71, 2 Hor. Epist. 1, 1, 85 — Epigr. 93, 1
catus arte palaestrae weist auf Carm. 1, 10, 3 f. — Parental. 25, 2 flebilibus modulis vgl. Carm. 2, 9, 9 flebilibus modis — Prof. 1, 31 tum sale multo Sat. 1, 10, 3
quod sale multo — Prof. 7, 18 memoris querelae wie

---

[1]) Vgl. a. B. Il. 8 aus Verg. Aen. 7, 26, Il. 11 = Georg. 1,
447. Il. 19 = Aen. 4, 129 n. 5. Il. 20, 2 = Aen. 2, 331 u. s. w. Es
liesse sich auch da, wenn es der Mühe wert wäre, über das Verfahren
des Ausonius manche Bemerkung machen.

Carm. 3, 11, 51[1]) — Idyll. 6, 25 mascula Sappho = Epist.
1, 19, 29   Idyll. 8, 9 Septembribus horis Epist. 1, 16,
16 — Eciog. d. loc. agon. 3 bimaris Corinthi Carm. 1, 7,
2 — Idyll. 6, 7 sine murmure rivos Epist 1, 10, 21
com murmure rivum — Parent. 8, 11 florente inventa wie
Epist. 2, 3, 115 — Epist 9, 46 parasitorum collegia wie
Sat. 1, 2, 1 ambubaiarum collegia n s. w. Solche Beispiele, die wir nicht unnöthigerweise hier noch vermehren und denen wir nur später, zugleich zu einem erweiterten Zwecke auch Einiges aus der Mosella beifügen werden, zeigen auch da deutlich genug die Wichtigkeit des horazischen Einflusses. Ausonius macht aus demselben auch gar kein Hehl, trägt ihn vielmehr mit sichtlicher Eitelkeit auf seine Gelehrsamkeit zur Schau, indem er uns auf diesen Lieblingsdichter durch namentliche Erwähnung desselben mehrmals ausdrücklich aufmerksam macht, so z. B. Idyll. 4, 56 Prof. 21, 8 (zugleich mit Vergil) Idyll. 7 praef. Idyll. 11 praef. u. dgl. Ueber die besondere Art der Nachahmung, abgesehen von der Ausdehnung, bedarf es wol kaum einer langen Auseinandersetzung. Es ist da schon ein ganz eigenthümliches Haschen nach Reminiscenzen, in häufigen Fällen ganz zur Unzeit, im bunten Wechsel bald im Dienste der Eitelkeit, bald als bequemes Anshilfsmittel für die Form oder gegen die Gedankenarmut, hie und da aber, als wäre es ein glücklicher Zufall, trotzdem wieder mit einem Anflug von Witz und mit einer auffallenden Annäherung an jene Manier, die bei solchen Gelegenheiten in besseren Zeiten üblich war. In einigen dieser letzteren Stellen, die aber freilich leicht zu zählen sind, scheint sich Ausonius sogar für den Augenblick über die Nachahmungsart mancher Vorgänger wie z. B. eines Statius zu erheben, sinkt aber dann gleich wieder um so tiefer hinab.

---

[1]) Vgl. zur St. Keller und Holder I, 120.

Diese Contraste und die ganze Erscheinungsweise charakterisiren uns eben ganz gut den leichten gallischen Redekünstler, dem eine tiefere Auffassung der Poesie ferne lag und der, fast nur das Aeusserliche erfassend, allerdings in vieler Beziehung eine ganz eigene Rolle spielt, die aber durch manches Vorhergehende in der Literatur allmälich bereits mehr und mehr vorbereitet worden war. Wir werden auf dieses Thema weiter unten noch kurz zurückkommen müssen, aber ich glaube, um etwaigen Missdeutungen von vorneherein zu begegnen, gleich hier bemerken zu sollen, dass man trotz aller Achtung vor den guten Seiten und vor den Vorzügen der röm. Poesie bei ausgedehnter und unbefangener Forschung doch kaum je eine gewisse, schon frühe beginnende vorzugsweise Hinneigung zum Aeusserlichen und in Folge dessen zu einer oft eigenthümlichen Art von Nachahmung ganz wird fortläugnen können, die, freilich auch durch manche äussere Umstände wesentlich begünstigt, später immer stärker sich entwickelte. Ueber die Gründe dieser unläugbaren Erscheinung haben wir theils schon in den Ovidstudien gesprochen, theils werden wir dieselben auf Grund noch ausgedehnterer Untersuchungen am Schlusse dieses Büchleins kurz zu vervollständigen suchen.

II.

Wenn ich mich von dem Dichter, an dem die horazische Einwirkung zuletzt eingehender nachgewiesen wurde, nicht sofort trenne, sondern noch Einiges anreihe, was mir bei meinen speziell ihn berührenden Studien vorkam und bemerkenswert erschien, so gebe ich dabei von den vom verdienstvollen Bernhardy in der Vorrede zur zweiten Auflage seiner Literaturgeschichte¹) ausgesprochenen Gedanken und von der Ansicht aus, dass auch über spätere Dichter gewissenhafte, dem neuen Standpunkt der Wissenschaft entsprechende Detailuntersuchungen mehr und mehr erwartet werden müssen, um „dunkle Begriffe" aufzuhellen, manche Lücken in diesbezüglichen Partieen der Literaturgeschichten auszufüllen, das Gesammtbild und den ganzen Entwicklungsgang des betreffenden Literaturzweiges bis zu den letzten Ausläufern zu verfolgen u. s. w. Es ist übrigens diese Ansicht in neuerer Zeit auch schon vielfach zum Durchbruch gekommen und ähnliche Arbeiten auf diesem oder jenem Gebiete gehören bereits nicht mehr zu den Seltenheiten. Auch für unseren Ausonius, dessen Dichtungen mit Ausnahme der Mosella, deren Bearbeitungen durch Böcking zum Abschluss kamen, von der neueren Philologie längere Zeit fast unbeachtet blieben, hat der Umschwung schon seine Früchte getragen, da sowol auf streng wissenschaftlichem Felde, bes. auf dem der Textkritik und Metrik durch L. Müller, A. Riese, K. Schenkl, Th. Rühse u. a., als auch für weitere Kreise, bes. durch Proben anziehender Uebersetzung von A. Bacmeister²) geistreich gearbeitet wurde. Aber dennoch gäbe es da, abgesehen von dem grösseren Unternehmen einer entsprechenden kritischen Ausgabe, wofür zum grossen Theile die oben zuerst genannten Gelehrten schätzenswerte Beiträge lieferten, auch in beschränkterem Maasstabe noch gar Manches zu thun. Dazu rechne ich unter Anderem auch eine kleine Erweiterung der oben gelieferten Arbeit, nämlich einen gedrängten Ueberblick über die Art und Ausdehnung der Nachahmung bei Ausonius überhaupt, da ein solcher gerade bei diesem poeta scholasticus, welcher uns den Weg, auf den die röm. Poesie im Ganzen und Grossen

---

¹) P. VIII.
²) Alemannische Wanderungen S. 76 ff.

nach den schon frühe auftretenden Erscheinungen schliesslich auch noch in Folge bekannter Verhältnisse allmälich mehr und mehr hingedrängt werden musste, bis zum endlichen Uebergang zum eigentlichen schulmässigen Centonenbau in seinen Dichtungen im Kleinen so anschaulich darstellt, nicht nur spezielles, sondern auch allgemeineres Interesse haben dürfte. Ich muss hier übrigens bemerken, dass gerade für diesen Punkt sich bei den älteren Commentatoren Vinetus, Tollius, Souchay ein verhältnismässig nicht unbedeutender Schatz von Detailbemerkungen und, freilich meist ungenauen, Citaten hier und dort zerstreut fand, welchen ich natürlich auch sammelte und endlich für einen praktischen Zweck und für weitere Kreise nutzbar zu machen suchte, dass ich mich aber eben desshalb auf eine ganz knappe Darstellung des sich ergebenden Resultates beschränken zu können glaubte und auf Einzelnes nur dort eingehe, wo es sich entweder um bisher zu wenig Beachtetes, nicht richtig Beurtheiltes oder um einen gleichzeitigen allgemeineren Zweck handelt: letzteres ist der Fall — ich muss dies wegen der obigen Aeusserung über das ausgedehotere Interesse einer solchen Untersuchung und wegen der Versparung der diesbezüglichen horaz. Reminiscenzen doch schon gleich hier andeuten — bei dem am Schlusse angefügten Nachweise eines vom Dichter wol gewiss nicht ganz bewusst hervorgerufenen centonenartigen Eindruckes in einigen Partieen seines anerkannt besten Gedichtes — der Mosella

Eine eben so bedeutende Rolle wie Horaz, ja in gewisser Beziehung eine noch bedeutendere spielt bei unserem Dichter, wie leicht erklärlich, Vergil, den wir — bezeichnend genug — mit jenem vereint schon oben ein paarmal citirt fanden und der noch ausserdem sowol in Vorreden als in Gedichten auffallend oft und manchmal in interessanter Weise namentlich erwähnt wird (z. B. Epigr. 118, 3. Prof. 22, 13. Epitaph. Her. 13, 4 Idyll. 5, 25.

Idyll. 6 praef. Epist. 17 praef. Idyll. 13 praef. u. ö.) Sein Einfluss aber zeigt sich zum grössten Theile fast ausschliesslich im rein Formellen, in der Nachahmung resp. Ausschreibung einzelner Verse, Verstheile oder Phrasen, aber dies um so häufiger. (Z. B. Epigr. 36, 1 vgl. Aen. 3, 483 — Epigr. 71, 8 = Aen. 4, 415 — Epitaph. 27, 9 = Aen. 1, 11 — Clar. urb. 14, 19 = Aen. 10, 269 — Idyll. 4, 26 aus Aen. 4, 13 — Idyll. 4, 52 aus Eclog. 9, 53 — Idyll. 6, 20 nach Aen. 6, 449 — Idyll. 6, 86 nach Georg. 4, 111 — Epist. 7, 16 aus Aen. 8, 43 — Epist. 24, 132 = Eclog. 8, 108 — Epist. 25, 12 nach Eclog. 1, 54 u. s. w.).

Zunächst interessant ist dann die Einwirkung des sonderbarer Weise nie genannten Statius, die sich öfter ganz entschieden bes. in der Mosella zeigt und dabei wieder, ähnlich wie manchmal die horazische, auch für den Inhalt und die ganze Färbung einzelner grösserer Partieen von Belang ist. Einiges auch sonst hier und dort. (Z. B. Epitaph. Her. 33, 1 nach Silv. 4, 1, 1 — Epist. 16 praef. eos mihi subita persuasione finxisse weist auf Silv. 1 praef' qui mihi subito calore fluxerunt u. ä.). Auffallende Vertrautheit zeigt der Dichter dann auch mit den Komikern bes. Plautus und Terentius, die natürlich auch hie und da zu eigentlicher Nachahmung (wie z. B. das Gleichniss solstitialis velut herba solet etc. Prof. 6, 35 ff. nach Plant. Pseud. 38 f. quasi solstitialis herba u. s. w.), hauptsächlich aber zur wörtlichen Einflechtung von Stellen, zu Anspielungen und namentlichen Erwähnungen bes. in den Vorreden führt (vgl. Idyll. 6 praef. in. Epist. 16 praef. fin. Idyll. 13 praef. in. Epist. 22 praef. fin. Idyll. 4 praef. med. VII Sapient. Cleob. 8 ff. Pittac. 6 Periand. 7 Epist. 22, 10 Epist. 17 fin.). Auch Afranius kommt in ähnlicher Weise zweimal vor: (Idyll. 12 praef. in. und Idyll. 13 praef. in).

Neben den oben genannten Lieblingsschriftstellern des Dichters machen aber hier natürlich auch noch verschiedene andere ihren Einfluss mehr oder weniger geltend, die ich nach diesem Gesichtspunkte beiläufig geordnet mit Hinzngabe von Belegstellen, mit Ausschluss jener in der Mosella, kurz aufzähle: Martial (Auson. Epigr. 39, 4 vgl Mart. 1, 57, 4 — Idyll. 4, 29 vgl. Epist 4, 1 Mart. 10, 62, 10 — Idyll. 5, 24 ff. Mart. 12, 67, 1 ff. — Idyll. 15, 14 Mart. 1, 15, 7) — Juvenal (Monostich. XII imperat. 12 Juven. 4, 38 — Idyll. 4, 46 Juven. 11, 180 — Idyll. 13 fin. Citat ans Juven. 2, 3) Ovid (Parent. 5, 6 aus ex P. 2, 5, 38 — erwähnt Epigr. 69, 8¹) — Tibull (Ephem. or. 72 = Tib 1, 1, 59 — Epigr. 77, 4 vgl. Tib. 4, 13, 5 ff.) — Lucrez (Epigr. 33, 2 nach Lucr. 1, 1) — Persius (Epigr. 131, 3 nach Pers. 4, 39 ff.) — Lucan (s. unten S. 39 f.). Wie weit der Dichter in der gelegentlichen Benützung seiner Lesefrüchte ging und wie er gleich einer Biene von allen Seiten sammelte, bald um einen Gedanken, bald um einen Ausdruck zu erhaschen, zeigen recht anschaulich Stellen wie Caes. Tetrastich. 7, 1 ff., wo bei Galba das diesbezügliche Urtheil des Tacitus (Hist. 1, 49 fin.) die Grundfärbung lieh, ja zum Theil fast wörtlich benützt ist und Idyll. 4, 58, wo ein Vers eingeflochten wird, den wir unter den 4 von Suet. Terent. 5 aus Cicero in Limone über Terenz angeführten Hexametern wiederfinden²).

Schliesslich verweise ich unter den mannigfachen Erwähnungen und Citaten aus der griech. und röm Literatur, die ausserdem in den prosaischen Vor- und Schlussreden zerstreut begegnen, für unseren Zweck noch besonders auf Idyll. 11 praef. in. (Catull. 1, 1; vgl. Praefatione. 3, 1) und auf die Stelle Idyll. 13 Schluss, wo der uns bei Mart. 1, 4, 8 erhaltene Vers: lasciva est nobis pagina, vita proba

---

[1]) Das Weitere über diesen Dichter unten bei Behandlung der Mosella S. 39 f.
[2]) Vgl. Sueton ed. Roth p. 294.

unter dem Namen des Plinius angeführt wird — eine Erscheinung, über die man einst, weil man eben die vielen Detailforschungen von vielen Seiten fast nur mechanisch betrieb und darum zu keinem übersichtlichen Resultat gelangte, gar Manches bemerken zu müssen glaubte, weshalb es aber, nebenbei erwähnt, dem gesunden Sinne Scaligers zu um so grösserer Ehre gereicht, wenn er bereits das, was wir jetzt, freilich nach unseren Erfahrungen noch besser begründet[1]), über die Sache sagen würden, im Wesentlichen in die Worte fasst: „idem verans potuit a duobus usurpari, ut sunt aliquot apud Ovidium et Tibullum."

Ueberblicken wir nun diese verschiedenartigsten Benützungen für Form und Inhalt, welche die vorwiegende horazische und vergilische Nachahmung doch fast immer nebenher begleiten und ziehen wir dazu noch die auch nicht seltene Nachbildung aus dem Griechischen in Rechnung, die sich beispielshalber gerade schon in den Epigrammen öfter durch eine Vergleichung mit Stücken aus der griech. Anthologie beurtheilen lässt[2]), so können wir uns im

---

[1]) Ueber diese schon seit Catull beliebte Wendung vgl. Ovid. I, 36.

[2]) Vgl. Teuffel R. L. S. 950. — Hier mögen auch ein Paar für Germanisten vielleicht nicht ganz uninteressante Bemerkungen am passendsten angeknüpft werden. Auf die Epigramme 132 und 133, für die Anem. auch den Stoff aus der griech. Anthologie entnahm (vgl. Vinetus, Tollius und Souchay z, St.), scheint Gellert's bekannte Erzählung vom Blinden und Lahmen direkt zurückzugehen. (Auson. 132, 3: caecus namque pedes claudo gressumque ministrat, at claudus caeco lumina pro pedibus Gellert II: So wird mein starker Fuss dein Bein, mein halles Auge deines sein). — Der von Ausonius nach dem Vorgange des Terentius (Adelph. 803) zur Einführung eines Sprichwortes wiederholt gebrauchte Ausdruck vetus verbum (vgl. Idyll. 7 praef. Praef. Monosyll. in.) dürfte nicht ganz ohne Interesse sein für ähnliche Wendungen im Mittelalter, wie „das altsprochen wort, ein alt gesprochen wort" u. dgl. Vgl. Jg. V. Zingerle, die deutschen Sprichwörter im Mittelalter. Wien 1864. S. 5 f.

Ganzen schon eine Vorstellung machen von den musivischen Zusammenstellungen, denen wir hier in jeder Gestalt begegnen, und von dem Wesen einer solchen Poesie. Wir würden aber dabei doch irre gehen, wenn wir da gar Alles und ganz ausschliesslich dem Dichter und seinem Geschmacke, so wenig derselbe auch in vielen Fällen schon an und für sich gebilliget werden kann[1]), aufbürden wollten, was bei manchen späteren Dichtern nicht zu selten geschieht und trotz aller Abgeschmacktheiten gewiss nicht ganz zu entschuldigen ist; wir können uns andererseits, nachdem wir schon in der besten Zeit bei Ovid in formeller Beziehung mehrfach ein halbcentonenartiges Aussehen getroffen[2]), wahrlich nicht zu sehr verwundern, wenn der Dichter des vierten Jahrhundertes, welcher uns zugleich auch die letzte Consequenz eines solchen Vorgehens, den eigentlichen Cento repräsentirt, selbst in der Dichtung, wo er doch offenbar sein Bestes leisten wollte, den diesbezüglichen Uebergangsprozess, der sich im Grossen schon so lange vorbereitet hatte, im engeren Rahmen deutlich genug verräth. Ich gebe nun, wie schon angekündigt, zur Vervollständigung des ganzen Bildes nach den früheren einzelnen Proben und Hinweisen schliesslich noch eine zusammenhängende Darstellung der ganzen ausonischen Benützungsweise an einigen derartigen grösseren Partieen der Mosella, die mir aus mehrfachen, auch schon genannten Gründen dafür am geeignetsten erscheinen und vielleicht

---

[1]) Das diesbezügliche Urtheil von L. Tross (Mosella Einl. pag. 11) scheint jedenfalls zu günstig, da wir bei jener gewissen Oberflächlichkeit, die sich denn doch in den Werken des Ausonius ziemlich häufig zeigt, wol kaum daran denken können, dass günstigere Zeitverhältnisse aus ihm einen Dichterheros gemacht haben würden. Anders dürfte sich dies allerdings mit Claudian verhalten.

[2]) Vgl. A. R. In der Recension meines 2. Ovidheftes; Philolog. Anzeiger 1872. 4. 201.

nebenbei auch sonst irgend eine Kleinigkeit abwerfen
könnten. Ich gehe vom Excurs über die Moselfische vv.
75 ff. aus. Hier glaube ich gleich von vorneherein mit ein
paar Worten auf die unläugbare Benützung des uns unter
dem Namen des Ovid erhaltenen Fragmentes der Halieutica aufmerksam machen zu sollen, die sich etwa nicht
nur im Allgemeinen, sondern, wie wir gleich sehen werden, öfter auch im Einzelnen schlagend nachweisen lässt.
Man kann nun weit davon entfernt sein, der Erscheinung
einen gar bedeutenden Wert beizulegen, und sie wird wol
vielleicht desswegen bisher nicht hervorgehoben worden
sein, obgleich besonders Wernsdorf doch jedenfalls darauf
hätte aufmerksam werden sollen, da er die Mosella eben
wegen der theilweisen Aehnlichkeit des Stoffes unmittelbar
an die Halieutica anschliesst und bereits zwei Stellen unter
sich vergleicht[1]), ob aber ein ausdrücklicher Hinweis, selbst
noch in solchen Punkten, als ganz nutzlos und überflüssig
zu betrachten sein dürfte, möchte ich denn doch bezwei-
feln[2]). Für das Nähere verweise ich auf die folgende
Uebersicht, zu der wir nun ohne Weiteres übergehen.

Die Einleitung vv. 75—81 offenbar nach Phrasen des
Vergil und Lucan (77 sed neque tot species nominaque
Verg. Georg. 2, 103 sed neque, quam multae species, nec,
nomina — 80 edere fas. haud ille sinit Verg. Aen. 2,
779 fas, aut ille sinit — 80 f. cui cura secundae sortis et
aequorei cessit tutela tridentis Lucan. 4, 110 f. sic sorte
secunda aequorei rector facias, Neptune, tridentis). In der
Aufzählung v. 85 ff. kommen neben den Halieutica, die
sowol den Grundton als Einzelnes liefern, in letzterer

---

[1]) Poet. lat. min. I, 190 ff.

[2]) Ich hoffe über diesen Punkt, dessen weitere Erörterung nicht mehr hieher gehört, nächstens in der zweiten Bearbeitung meiner Abhandlung de Hal. fragmento Ovidio non abiudicando eine kurze Bemerkung anzufügen.

Beziehung auch Ovid in anderen Stellen, Horaz und Vergil hauptsächlich in Betracht. 85 herbosae arenae wie Hal. 118—88 purpureis stellatus tergora guttis nach Ov. Met. 5, 461 variis stellatus corpora guttis — 89 nullo spinae nocituras acumine Hal. 130 spina nocuus non ulla — 93 famae maioris in amnem ans Lucan. 1, 400 — 98 verbera caudae wie Hal. 13 — 102 cena dubia in ganz bestimmtem Sinne, mit Anspielung auf Terent. Phorm. 342 und Hor. Sat. 2, 2, 77 — 104 praesignis maculis wie Hal. 105 insignis notis — 106 binominis Istri aus Ov. ex P. 1, 8, 11 — 112 weist der Gebrauch von perduco auf Verg. Georg. 4, 416; im 5. Fuss auch hier wieder tergora (vgl. 88 und 136), wie auch gerne in den Halieut. (64; 95; 126) — 124 fervet fumosis olido nidore popinis nach Hor Sat. 2, 4, 62 quaecumque immundis fervent adlata popinis — 131 tu quoque flumineas inter memorande cohortes im Baue offenbare Nachbildung von Ov. ex P. 4, 13, 1 o mihi non dubios inter memorande sodales — 134 weist der Gebrauch von imitatus sichtlich auf Stellen wie Hal. 111; 122 — 138 longi vix corporis agmina solvis zweifellos nach Verg. Georg. 3, 423 extremaeque agmina caudae solvuntur — 145 telluris ad oras wie Ov. Met. 3, 597 — 146 magnaque surgunt aequora aus Verg. Aen. 3, 196. Diese Beispiele, die sich bes. für den Versschluss noch vermehren liessen[1]), beweisen wol deutlich genug das oben Gesagte und ich mache darum hier nur noch auf den gewiss nicht uninteressanten Umstand ausdrücklich aufmerksam, dass Ovid in diesem Stücke, selbst wenn man von den Halieut. absehen wollte, auch sonst noch verhältnissmässig gut vertreten wäre, während sein Einfluss in anderen Werken unseres Dichters sich im Ganzen nicht

---

[1]) Dass übrigens für diese Kategorie selbst die älteren Commentare nur wenig lieferten, bedarf für den Kenner wol kaum einer Bemerkung.

gar zu sehr bemerklich macht. Derselbe scheint sich wirklich ganz vorzüglich auf die Mosella zu concentriren, da auch später noch einige starke Reminiscenzen folgen. Auffallend war mir nebenbei, dass ausser den Metamorphosen hauptsächlich nur die späteren, in der Verbannung geschriebenen Gedichte Ovid's benützt erscheinen. — Eine andere für die Arbeitsmethode des Ausonius bezeichnende Partie wäre die sich fast unmittelbar anschliessende vv. 165 ff., wo besonders die Entlehnung von Gedanken und der diesbezügliche Einfluss des Statius auffällt. Doch ist hier die Auswahl meist eine ziemlich geschickte, die Veränderung der Form oft nicht ganz unbedeutend, manchmal fast das Original übertreffend, das Gemengsel der Halbverse doch nicht so bunt, so dass wir vielleicht hier nicht umsonst einen grösseren Fleiss zu beobachten und die Nachahmung wenigstens im Ganzen als die gelungenste bezeichnen zu können glauben. Für v. 165—169 vgl. Hor. Sat. 1, 7, 29 f.¹). — Auf 175 ff. wirkte stark ein Stat. Silv. 2, 2, 100 ff. (auch die Form zum Theil auffallend beibehalten z. B. 175 mediis furata e collibus uvas Stat. 103 dulces rapuit de collibus uvas); daneben aber doch auch wieder formelle Reminiscenzen aus Vergil z. B. 177 paganica numina Faunos Georg. 1, 10 praesentia numina, Fauni — 178 et medio cum sol stetit igneus orbe Aen. 8, 97 Sol medium coeli conscenderat igneus orbem u. s. w. Für v. 190 ff. vgl Stat. Silv. 1, 3, 17 ff. und zum Theile 2, 2, 48 f. Nach dieser letzteren ziemlich freien und ganz hübschen Nachahmung aber gleich wieder eine affectirte aus Vergil: 206 sua seria ludo posthabet Eclog. 7, 17

---

¹) Böcking's Bemerkung zu dieser Stelle (Mosella Ausg. v. 1828 S. 53) ist an sich ganz schön; aber der Vorgang des Horaz, hat hier bei dem sonstigen Verhältnisse des Auson. zu ihm gewiss erhöhte Bedeutung und kann darum wol nicht übergangen werden.

posthabui illorum mea seria ludo (für den Versausgang vgl. auch Hor. Epist. 2, 3, 226) — 205 der Versanfang impubemque manum ebenfalls aus Verg. (Aen. 7, 382 impubesque manus). Aus der Reihe der non folgenden, grösstentheils formellen Einzelreminiscenzen, die, abgesehen vom Versschlusse, auch sonst oft auffallend genug sind (z. B 243 sinae trahens humentia lina Verg. Georg. I, 142 pelagoque trahit humida lina — 279 [vom Glaucus] Carpathium subiit novus accola pontum Ov Met 13, 904 [von demselben] alti novus incola ponti u. dgl.), hebe ich vorzüglich zwei hervor, die uns ganz hübsch darthun, wie weit der Dichter, um seine Gelehrsamkeit zu zeigen, manchmal zurückgreift: 245 tranquillo qua labitur agmine flumen stammt offenbar aus Ennius Ann. 177 leni fluit agmine flumen und 260 letalia tela die i spielt sichtlich auf Lucrez an, dem dieser Ausdruck ebenfalls im Versausgange ganz eigenthümlich ist (1, 147. 2, 60. 3, 92. 6, 40 immer lucida tela diei). Von der Partie 285 349 ist zu bemerken, dass öfter wieder die Einwirkung des Statius recht bedeutend und hier manchmal plump hervortritt z. B. 286 alternas comunt praetoria ripas Silv. I, 3, 25 alternas servant praetoria ripas — 287 quis modo Sestiacum pelagus, Abydeni freta quis miretur ephebi Silv I, 3, 27 Sestiacos nunc fama sinus pelagusque natatum iactet et audaci iunctos delphinas ephebo — 296 et voces et paene manus = Silv. 1, 3, 31 u s. w. — 337 quid quae fluminea substructa crepidine fumant balnea Silv. 1, 3, 43 an quae graminea suscepta crepidine fumant balnea — 345 quod si Cumanis huc afforet hospes ab oris Silv. I, 5, 60 nec si Baianis veniat novus hospes ab oris. Solche Beispiele sprechen zu deutlich und in diesem Passus kann auch von einer Entschuldigung gar nicht mehr die Rede sein. Dazu kommen natürlich auch hier noch eingestreute Anklänge an andere Dichter z. B. 293 commercia linguae, der bei Ovid in den Tristien (z. B. 3, 11, 9 5, 7, 61.

5, 10, 35) so beliebte Versausgang; 301 casus quem fingere in auro conantem Icarios, patrii pepulere dolores nach Verg. 6, 32 bis conatus erat casus effingere in auro, bis patriae cecidere manus; 305 der Versausgang hominumque operumque labores nach Verg. Georg. 1, 118 hominumque boumque labores; 324 tenens collem, qui plurimus imminet amni vgl. Verg. Aen 1, 419 adscendebant collem, qui plurimus urbi imminet. Der Versanfang 342 fastidisse lacus, wenn auch in verschiedenem Sinne, doch für den Kenner der Manier des Ausonius gewiss nicht zufällig mit dem in Hor. Epist. 1, 3, 11 übereinstimmend u. s. w.

Recht reich an solchen kleineren, vorzüglich die Form hervorkehrenden Reminiscenzen, die das halbcentonenartige Aussehen ungemein befördern, sind auch die Verse 368 ff., die letzte Partie, die, nachdem wir schon des Guten fast zu viel gethan, hier noch berührt werden mag. 368 tota veste vocat gezwungen aus Verg. Aen. 8, 712 (tota veste vocantem) herbeigezogen. 372 mille alii, prout quemque suus magis impetus urget, von den Flüssen gesagt, lässt nicht zweifeln an einer Anspielung auf Ov. Met. 1, 581 moxque amnes alii, qui qua tulit impetus illos etc. — 381 salve, magna parens frugumque virumque aus Verg Georg. 2, 173 salve, magna parens frugum, magna virum — 383 Latiae facundia linguae ebenso am Schlusse Ov. Trist. 4, 4, 5 patriae facundia linguae (die Verbindung auch sonst bei Ovid in den späteren Dichtungen öfter, z. B. Trist. 3, 5, 29 ex P 1, 2, 69) — 390 der auffallende Gebrauch von deterere in praeconia detero auffallend nach dem horazischen laudes deterere Carm. 1, 6, 12 — 392 studiis ignobilis oti aus Verg. Georg. 4, 564 studiis florentem ignobilis oti 396 subtili nebunt mihi carmina filo nach Hor. Epist. 2, 1, 225 tenui deducta poemata filo 401 praesidium sublime reis vgl. Hor. Carm. 2, 1, 13 insigne praesidium reis u. s. w. — Schliesslich erwähne ich noch v. 476 ibis in ora hominum, worauf wol ziemlich

sicher Hor. Epist. 1, 3, 9 Romana venturus in ora
einwirkte¹).

So sieht es also selbst in der Mosella ans. Wir haben
diesem Nachweise, der uns nun auch noch das Verfahren
der ausonianischen Nachahmung im ausgedehnteren Masse
und im Zusammenhange an einigen Stellen des besten Gedichtes übersichtlich darstellte, nach den früheren Auseinandersetzungen und nachdem wir ein Paar nebenbei sich
ergebende Beobachtungen schon im Verlaufe der Untersuchung berührt, wol nichts Weiteres mehr beizufügen, als
etwa noch die ausdrückliche Bemerkung, dass jene Ungleichmässigkeit, die wir für unseren Dichter schon speziell bei der imitatio Horatiana schliesslich hervorheben
mussten, auch da im Ganzen und Grossen zu Tage tritt;
ist ihm einmal eine mit sichtlichem Fleisse bearbeitete
Nachahmung gelungen, so gibt er sich damit gleich zufrieden und überlässt sich sofort wieder jener gewohnten
Manier, ohne Bedenken Alles möglichst zu benützen, was
ihm sein treues Gedächtniss an Notizen und Reminiscenzen
liefert²).

III.

Dass unter den vielen Wiederholungen und Anklängen,
die uns in der röm. Poesie schon in der besten Zeit so
sehr auffallen, ganz besonders auch die Hexameterausgänge
eine bedeutende Rolle spielen, haben wir bei Darstellung
des Verhältnisses Ovid's zu seinen Vorgängern oft genug
zu bemerken Gelegenheit gehabt. Haben wir ja schon dort

---

¹) Vgl. Keller und Holder II. 209.
²) Vgl. Teuffel R. L. S. 952 A. 5.

nicht selten die Erscheinung getroffen, dass ein und derselbe Versschluss sich durch eine ganze Reihe der bedeutendsten Dichter hindurchzieht und uns in Zweifel lässt, welchen Vorgänger der letzte dabei zunächst vor Augen gehabt, wenn hier überhaupt noch überall von direkter Nachahmung die Rede sein könnte. Ich halte bei der Ausdehnung meiner Arbeiten auf die späteren Dichter ein weiteres Verfolgen gerade dieses Punktes für ganz besonders interessant, wie ich dies schon in einer Schlussbemerkung zum dritten Ovidhefte angedeutet[1]) und die nahe liegenden Gründe hiefür kurz berührt habe. Dabei glaube ich aber auch hier wieder meine Untersuchungen und einzelnen Nachweise in der Hauptsache füglich auf die regelmässigen und beliebtesten, in dieser Beziehung noch nie besprochenen Arten des latein. Hexameterschlusses beschränken zu können, da für die anderen mehr ausnahmsweise gebrauchten Schemata bereits L. Müller in seinem schätzbaren Werke de re metrica und E. Plew[2]) und A Viertel[3]) in ihren Detailabhandlungen für die ganze beachtenswerte Literatur gründliche Forschungen angestellt haben; durch eine schliessliche Zusammenstellung der dort aufgefundenen Resultate mit dem Endergebnisse auf meinem Gebiete lässt sich dann das ganze Bild vervollständigen und vielleicht ein Schritt weiter thun zu einer endlichen befriedigenden Erklärung von so manchen uns gar sonderbar vorkommenden Erscheinungen.

Nehmen wir zuerst den aus nun bekannten Gründen für so vortrefflich gehaltenen und darum allgemein so be-

---

[1] S. 44.
[2] Ueber den in einem vierslbigen Worte bestehenden Versschluss latein. Hexameter. Jahn'sche Jahrb. 1866 S. 631 ff. — Zu vgl. M. Crain im Philolog. X S. 250 ff.
[3] De versibus poetarum Latinorum spondiacis. Jahn'sche Jahrb. 1863 S. 401 ff.

liebten¹) Versschluss vor, in welchem der fünfte und
sechste Fuss (ersterer natürlich ein Dactylus) gerade durch
je ein Wort gedeckt werden, also $-\smile\smile\ -\smile$. Eine besondere
Rolle spielt hier die Zusammenstellung zweier in einen
solchen Rahmen passender und meist in enger Beziehung
stehender Substantiva, die freilich für einen hübschen Abschluss sich ganz vorzugsweise eignete; doch auch eine
zweisilbige Verbalform schliesst sich im 6. Fusse an das
vorangehende daktylische Substantiv recht gerne an und
ich muss aus leicht begreiflichen Gründen diese zwei Fälle
hier natürlich vereint behandeln. Wir haben gerade in
dieser Beziehung schon in der besten Zeit recht auffallende
Erfahrungen gemacht und ob es sich in den folgenden
Perioden änderte, werden die folgenden, gewiss schlagenden Belege lehren:

Nubila als 5. Fuss fort und fort wiederkehrend,
besonders gerne auch hier (vgl. Ovid II, 27) mit
einem folgenden caelum oder caeli z. B. Sil. 1, 535. 5,
37. 16, 136 Stat. Theb. 1, 342; 664. 6, 406. Silv. 3, 3,
36 Lucan. 10, 242 u. s. w. Eine gewisse Klangähnlichkeit
mit diesem so beliebten Ausgange erhält sich aus nahe
liegenden Ursachen natürlich auch in gar vielen der anderen Verbindungen; ich notire beispielshalber nur
Lucan. 6, 468:

. et calido producunt nubila Phoebo²⁾
Oscula an dieser Versstelle ebenfalls wieder häufig und in
der gewöhnlichen Gesellschaft (vgl. Ovid. II, 27), z. D. mit
einem Casus von natus wie Stat. Theb. 2, 641. 3, 151.
12, 640; 707. Val. 1, 264 u. a. Die uns auch schon bekannte (Ovid. II, 26) Verbindung oscula figunt oder figens
z. B. Lucan. 6, 565. Sil. 11, 333. Stat. Theb. 12, 27
zeigt uns wieder verglichen mit einem oscula fngi (z. B.

---

¹) L. Müller de re metr. p. 206.
²) Vgl. hier für den Bau bes. auch Stellen in Ovid. I, 73 f.

Lucan. 3, 745), wie wenig häufig auch durch Veränderung des Wortes im 6. Fusse der Gleichklang alterirt wird.

Funera mit einem nachfolgenden zweisilbigen Verwandtschaftsnamen (Ovid. II, 36) nimmt auffallende Dimensionen an; z. B. mit mater Stat. Silv. 2, 1, 97. Ach. 1, 85. Theb. 4, 233. 6, 172. Claud. Gigant. 57. Aetn. 19. Anth. L. 198, 49; mit pater Stat. Silv. 3, 3, 136. Theb. 9, 634. 11, 645. Orest. tr. 93; 147; 733; mit frater Stat. Silv. 2, 6, 84; mit natus Sil. 5, 156. Stat. Theb. 9, 365. Wie viele und grosse wechselseitige Anklänge gerade durch einen solchen Gebrauch entstehen müssen, bedarf wol keiner weiteren Bemerkung.

Sehr ausgedehnt ist an dieser Versstelle die Benützung eines dreisilbigen Casus von pectus mit einem folgenden zweisilbigen Worte, jedoch auch wieder so, dass gewisse Lieblingszusammenstellungen sich geltend machen. Vor allem auch hier (vgl. Ovid II, 25) die verschiedenen Combinationen von pectora und cura z. B. Lucan. 1, 272. 3, 52. 8, 161. Sil. 4, 92. 5, 370. 8, 163. 11, 269. 13, 263. 15, 19; 615. Stat. Theb. 2, 338. 8, 607. 12, 514. Silv. 2, 1, 71; 193. 5, 1, 77. Val. 3, 623. 5, 281. Grat. 475. Claud. de nupt Hon. 317. Aetn. 24. Ven. Vit. S. Mart. 2, 303. — Cir. 231. Wenn nun, wie es in solchen Fällen leicht erklärlich, oft auch noch in den vorangehenden Versfüssen ein ähnliches oder gleiches Wort Platz findet, so greift natürlich der Gleichklang immer tiefer ein wie z. B.

Lucan. 1, 272:

. . . volventem pectore curas

Sil. 15, 19:

. . volvebat pectore curas

wo wir uns zunächst an

Verg. Aen. 1, 227:

. . . iactantem pectore curas

erinnern, das volvere aber schliesslich zurückweist auf den Vers

Lucr. 6, 34:

> volvere curarum tristis in pectore fluctus,

der im Baue der zweiten Hälfte nachgeahmt ist
Verg. 12, 831:

> irarum tantos volvis sub pectore fluctus

Schliessen wir nun an diesen letzteren Ausgang pectore fluctus, der natürlich auch wiederkehrt (z. B. Stat. Ach. 1, 59)[1]), Verbindungsreihen wie einerseits pectore luctus (Stat. Silv. 5, 1, 29), andererseits pectora flectas (Stat. Theb. 8, 119), daran wieder pectora fletu (Val. 1, 643), dann pectore letum (Sil. 4, 194), pectore laeto (Lucan. 9, 1039), so ist das Ganze gewiss wieder nicht uninteressant für die Klangähnlichkeit solcher Versausgänge trotz verschiedener Variationen im 6. Fusse. Der Gebrauch und die Verbindungen sind hier überhaupt fast unübersehbar und ich erwähne darum als Resultat aus meinen Sammlungen nur noch drei, die eine ganz hervorragende Rolle spielen: pectora telo oder telis, pectora ferro und pectore voces, wofür die Belege nahezu unzählbar sind. Dass auf diese Weise ähnliche Verschlüsse häufig in ganz kleinen Zwischenräumen aufeinander folgen, ist leicht vorauszusehen. So finden wir, um nur eines von den zahllosen Beispielen zu erwähnen, bei Silius in der kleinen Partie 5, 587—604 nicht weniger als 3 so gebaute Ausgänge, für die sich Parallelstellen ohne langes Suchen überall darbieten; z. B.

Sil. 5, 587:

> . praesago percussus pectora luctu

Stat. Silv. 5, 1, 197:

> . . magno flammatus pectora luctu

Sil. 5, 694:

> . . adverso pulchrum sub pectore vulnus

---

[1]) Ich muss mich bei diesen und bei ähnlichen Nebenbemerkungen im Folgenden wol auf die Anführung je einer Stelle beschränken, da wir sonst mit den Zahlen kaum fertig werden dürften.

Or. Met. I, 812:

. . medioque teneus in pectore vulnus

Ganz lehrreich ist hier auch eine kurze vergleichende Betrachtung über den diesbezüglichen Gebrauch von aequor und litus in einem daktylischen Casus, denen sich, freilich öfter in etwas geringerer Ausdehnung, auch gurges beigeben liesse; dass sich bei diesen Wörtern oft die Gelegenheit geben kann, im 6. Fusse wechselseitig denselben Ausdruck anzuschliessen, ist von vorneherein klar; aber der Umstand, dass dies so auffallend hervortritt und die daraus naturgemäss sich ergebende Folge sind sehr der Beachtung wert.

Dem Versschluss aequora ponti, pontum u. dgl , der schon seit Lucrez beliebt (vgl. Ovid. II, 28) sich forterhält (vgl z. B Sil. 11, 513. Val. 6, 329. Stat. Silv. 3, 2, 43. Avien. 961), entspricht das fast bis zum Ueberdrusse wiederkehrende litora ponti (Lucan. 4, 429. 7, 134. 8, 178. 9, 348. 1, 693 Sil. 1, 54. 17, 240. Val. 2, 366. 4, 590. 8, 207. Stat. Theb. 4, 805. 5, 89. Claudian IV. Cons. Hon 287. Laud. Stilich. 1, 129 u. s. w), das für die früheren (z. B. Ov. Trist. 1, 2, 83. 4, 1, 45) auch bekannt genug ist. Auf die Verbindung gurgite pontus etc. (Lucan. 5, 234. 7, 813. Sil. 1, 197. 9, 320. 12, 117; 440. Stat. Theb. 7, 143 Petron. 123, 241. Nemes. 102. Avien. 97 — vgl. schon Lucr. 5, 387. Verg. 11, 624 u. s. w.) mache ich noch ausserdem gerne wieder wegen der Klangähnlichkeit mit gurgite fontes (Lucan. 3, 237. Sil. 4, 641. Stat. Silv. 1, 3, 65. Claud. R. P. 2, 351) aufmerksam. Ebenso wie pontus schliessen sich classis (z. B. Lucan. 5, 459. 9, 16. 10, 496 Sil. 1, 30 ; 622 - Lucan. 10, 537. Sil. 2, 420. 4, 51 — Lucan. 3, 515 Claud. IV. Cons. Honor. 463) puppis (Lucan. 9, 284. 8, 272. 2, 611. Sil. 2, 27. Val 6, 412. 8, 144. Claud. in Eutrop. 1, 424 — Lucan. 2, 619. 8, 133. Sil. 16, 182. 17, 202 Val. 1, 629. 4, 606 u. s. w.) pinus (Lucan. 3, 531. Claud Prob. et

Olyb. Cons. 246   Lucan. 6, 351; 400. Sil. 10, 534 — Claud. in Ruf. 1, 121) piscis (z. B. Sil. 5, 52. Stat. Theb. 2, 47 — Claud. in Ruf. 2, 377 — Mart. 4, 66, 7. Auson. Idyll. 10, 331) u. ä. im 6. Fusse sichtlich gerne an alle drei obengenannten Wörter an. Auch das Adjectiv totus möchte ich noch besonders erwähnen und dabei gleich hier auch auf die zahlreichen anderen Zusammenstellungen desselben bei der in Rede stehenden Form des Versschlusses hinweisen, die es manchmal wirklich fast wie ein bequemes Flickwort erscheinen lassen; als besonders beliebt hebe ich aus der grossen Zahl der verschiedenen Belege aequore toto (z. B. Lucan. 7, 97. Sil. 14, 128. 17, 586. Val. 4, 657. Joven 4, 54) und auch hier wieder (vgl. Ovid. III, 27) corpore toto (Sil. 5, 333. 10, 197. Mart. 6, 56, 3. Stat. Silv. 5, 4, 13. Theb. 12, 318. Claud. Idyll. 2, 10 u. s. w.) hervor.

Endlich muss ich noch speziell für aequor auf die sich stets forterhaltenden, uns aus Ovid (vgl. Ovid·II, 28, 29 und 64) so wol bekannten Lieblingsverbindungen mit unda, vectus und ventus kurz aufmerksam machen.

Ich will nun am Schlusse dieser Abtheilung zur besseren Veranschaulichung des ganzen Bildes und der Wirkungen dieser Gleichklänge im Ausgange wieder ein Paar Stellen herausschreiben:

Sil. 12, 117:

. . medioque in gurgite ponti

Stat. Theb. 7, 143:

. . . medii de gurgite ponti

Lucan. 1, 260:

. . . tacet sine murmure pontus

Arien. 210:

. . . gemit amplo murmure pontus

Sil. 1, 584:

interea Rutulis longinqua per aequora vectis

Orest tr. 371:

ne fuga sit miseris optata per aequora vectis

Stat. Theb. 10, 248:

. . . sperantibus aequora ventis

Lucr. 2, 1:

. . . turbantibus aequora ventis

Nehmen wir nun wieder andere Repräsentanten der Wortklassen, mit denen wir es hier zu thun haben, in der kürzesten Form vor.

Die diesbezüglichen Casus von foedus treffen wir auch in den mannigfaltigsten Verbindungen mit einem Nomen (z. B. foedera mundi, vitae, regni, lecti vgl. Ovid. I, 83 u. s. w.), die aber weniger wegen gerade massenhafter Wiederholungen, als für die schon öfter erwähnte gewisse Klangähnlichkeit interessant sind z. B. foedera coetus (Auson. Epigr. 71, 1) und foedere certo (Sil. 14, 346), foederis auctor (Claud. in Ruf. 2, 75) und fenoris auctor (Juven. 11, 48) u. dgl. Wichtiger für unseren Zweck sind die stets fortdauernden Lieblingszusammenstellungen mit Verben, bes. iungo und rumpo (vgl. Ovid. II, 29 — Sil. 2, 297; 494. 13, 100. 17, 131. Stat. Theb. 2, 339. 11, 380. Claud. in Eutrop. 2, 213 — Sil. 11, 149, Stat. Ach. 2, 30. Theb. 5, 138. Val. 4, 215 u. s. w.).

In mehrfacher Beziehung beachtenswert ist auch der häufige Gebrauch von sidera und tempora an unserer Versstelle, der manchmal schon eine solche Einwirkung ausübt, dass wir auf das Gebiet der stehenden epischen Verse zu gelangen scheinen.

Neben sidera caeli oder caelo (z. B. Lucan. 4, 54; 107; 521. Sil. 2, 289. 7, 476. 11, 464. Stat. Silv 5, 1, 241. Theb. 10, 145. Aetn. 67. Avien. 814.) sidera mundi (Cir. 7; 217. Lucan 6, 816 Senec. Thyest. 836 Claud. in Ruf. 2, 3. Anth L. 88, 8 n. s. w.) sidera noctis, noctes (Lucan. 1, 526. Val. 1, 416 4, 82. Orest. tr. 805) u dgl. ist es besonders wieder die Verbindung mit palma, die fort und fort in die Augen fällt Ich hebe für diesen Fall, der uns neben mehreren anderen den Uebergang von

den mehr unbewussten zu den direkten Anklängen nicht
unpassend zu repräsentiren scheint, einige der auffallendsten Stellen aus, um im Anschlusse an Ovid II, 80 auch
für diese Kategorie das Bild zu vervollständigen.

Sil. 15, 564:
  . . geminas tendens ad sidera palmas

Sil. 17, 636:
  . victas tendens Carthago ad sidera palmas

Val. 1, 80:
  . tendensque pias ad sidera palmas

Val. 4, 473:
  sustulit hic geminas Phineus ad sidera palmas

Stat. Theb. 1, 497:
  . tunc sic tendens ad sidera palmas

Stat. Theb. 10, 330:
  . et madidas tollens ad sidera palmas

Stat. Silv. 3, 4, 99:
  . . egregias tendens ad sidera palmas

Ven. Vit. 8. Mart. 4. 605:
  . . tensis ad sidera palmis

Für das zweite obengenannte Wort verweise ich auf
die Zusammenstellung mit einem zweisilbigen Casus von
nox (z. B. Lucan. 6, 120. Val. 5, 231. Stat. Theb. 2, 171.
Symphos. aen. 28, 1) und ganz vorzugsweise auf die beliebten, trotz aller Verschiedenheit der Bedeutung im Klange
so ähnlichen Ausgänge tempora vitae (Lucan. 4, 481. 9,
233. Stat. Silv. 5, 1, 205. Juven. 14, 157. Auson. Parent.
praef. 17. Parent. 18, 11 u. s. w) und tempora vittis
(z. B. Val. 1, 278. Sil. 16, 242. Stat. Ach. 1, 11; 611.
Theb. 3, 467. Orest. tr. 71), wovon der letztere uns
ausserdem noch einen ähnlichen Fall darstellt, wie oben
sidera palmas, wie dies aus der Vergleichung mit den
Versen in Ovid. II, 79 hervorgeht. Der Einfluss, den dann
solche Ausgänge zum grossen Theile auch auf die vorhergehenden Versfüsse ausüben, ist nie ausser Acht zu lassen

und ich erwähne dies gerade hier noch besonders desshalb, weil wir selbst bei Vergleichung von Versen wie
Sil. 16, 243:
 . . . cinguntur tempora vitta
Verg. 6, 665:
 . . nivea cinguntur tempora vitta
nach dem früher bei anderen Gelegenheiten Gefundenen trotz der bekannten Stellung des Silius zu Vergil wol kaum noch an eine ganz mechanische Ausschreibung gerade der bestimmten Stelle denken können, sondern uns vielmehr die Sache so vorstellen müssen, dass theils der Versschluss selbst einerseits auf das cinguntur ebenso führte, wie andererseits auf das velatus und redimitus und dass zugleich der Klang ähnlicher Stellen bei den Vorgängern überhaupt auf die nachfolgenden Dichter einwirkte, wofür mir auch das circum tempora vittae nicht ganz uninteressant zu sein scheint. Ich halte gerade desshalb den oben angedeuteten Ausdruck „Uebergangsfall" für den geeignetsten.

Sehr der Beachtung wert sind in unserem Versfusse auch murex und vertex; ersteres uns schon aus Ovid bekannt (l, 29, wo auch noch auf den Ausgang murice laua A. A. 1, 251 hinzuweisen und bezüglich des Klanges eine Vergleichung mit dem vergilischen murice laena [Aen. 4, 262] nicht uninteressant wäre) scheint sich bei Späteren am häufigsten und recht eingreifend mit vestis zu verbinden z. B.:
Val. 3, 340:
 . . . ardentes murice vestes
Sil. 15, 116:
 . . . . vitiatas murice vestes
Mart. 8, 48, 5:
 . . . saturatas murice vestes
Claud. in Ruf. 1, 208:
 . . saturantur murice vestes
Claud. Idyll. 1, 88:
 . . . perfusam murice vestem

Doch auch oft mit tinctus und pictus Mart 5, 23, 5 Claud. in Ruf. 1, 384 Sil. 14, 658 u. s. w. vertex fiel mir am meisten mit crinis z. B. Val. 1, 412 Sil. 3, 284 Stat. Theb. 6, 607; 8, 344 Mart. 1, 31, 1 und ganz besonders bei Silius mit dem Genitiv von mons auf 4, 349; 825. 5, 45. 6, 644. 12, 499. 15, 779 Lucan. 3, 470 u. ö. Die passenden Casus von sanguis an dieser Versstelle kennen wir auch schon aus unseren Betrachtungen über Ovid gar wol und die Zusammenstellungen bleiben überall dieselben. Es würde uns hier zu weit führen, auch nur einigermassen näher auf die einzelnen Verbindungen einzugehen und ich muss mich darum mit der Aushebung von ein Paar für uns auch sonst noch interessanten Belegstellen begnügen:

Für die Verse Ovid. II, 3 vgl. z B.
Lucan. 4, 805:
  has . . vestro de sanguine poenas
Sil. 6, 299:
  . . magnas, inquit, de sanguine poenas
Für Ovid. II, 40:
Sil. 2, 464:
  . . exurit siccatas sanguine venas
Claud. Mall. Theod. Cons. 319:
  . . rabidas suffundit sanguine venas
Für Ovid. II, 31:
Stat. Silv. 5, 2, 17:
  . . . . non sanguine cretus
 turmali
Anth. L. 156, 1:
  cum te Barbati referas de sanguine cretum

Als besonders beliebt fielen mir, um das, weil bei Ovid davon zufällig nicht die Rede war, noch ausdrücklich zu bemerken, auch die Verbindungen mit tinguo und campus auf (z. B. Lucan. 7, 473. Sil. 4, 168. Stat. Theb. 6, 758 Claud. in Ruf. 2, 432. Petron. 124, 294 — Lucan.

7, 854. Sil. 11, 555. 14, 130. Stat. Theb. 10, 5. 12, 192.
Silv. 5, 3, 39. Claud. Laud. Stilich. 1, 119 u. s w.)

Wenn ich den Ausgang carcere ventos oder venti auch in die Zahl meiner Beispiele aufnehme, so geschieht dies nicht etwa wegen der gerade imponirenden Zahl der betreffenden Stellen, sondern vielmehr, weil mir die Geschichte dieses Versschlusses für manche der uns vorliegenden Erscheinungen im Allgemeinen nicht ohne Interesse zu sein scheint. Wie unser Wort in einem daktylischen Casus ohnehin meist für den 5. Fuss verwendet wird, so benützt es auch Vergil im Vers über Aeolus

Aen. 1, 141:

Aeolus, et clauso ventorum carcere regnet

und nach ihm gleich Ovid bei derselben Gelegenheit, nur mit dem Unterschiede, dass er bei dem Baue seines Verses das Wort ventos, wie in so vielen anderen dem hier behandelten Schema angehörigen Lieblingsverbindungen (aequora venti, turbine venti, carbasa ventis u. dgl.) in den 6. Fuss versetzt:

Met. 14, 224:

Aeolon Hippotaden, cohibentem carcere ventos

Und diese Art des Hexameterschlusses wird nun für alle Folgenden Muster. Z. B.

Sil. 12, 188:

ut rupto terras invadunt carcere venti

Stat. Silv. 3, 2, 42:

et pater, Aeolio frangit qui carcere ventos

Stat. Theb. 3, 432:

qualis ubi Aeolio dimissos carcere ventos

Avien. 628:

impositus pelago est, effundere carcere ventos

Warum aber hat wol etwa Ovid

Met. 11, 431:

quod socer Hippotades tibi sit, qui carcere fortes contineat ventos

nicht auch die obige Schlussverbindung gewählt, da er ja

sonst Wiederholungen dieser Art gewiss nicht scheut? Wol nur aus dem Grunde, weil ihn eine dadurch entstehende unmittelbare Aufeinanderfolge von Ausgängen wie carcere ventos, aequora placet, aequora venti doch selbst genirt hätte.

Ich reihe gleich hier auch den Gebrauch von carbasa in unserem Versfusse au, da er mir aus demselben Gesichtspunkte beachtenswert erscheint. Während unter den Vorgängern Ennius (Annal. 560) und Lucrez (6, 109) im sing. carbasus als ersten Hexameterfuss benützen, versetzt Vergil das Wort, das er im Ganzen dreimal anwendet, in den zwei Fällen, wo es die Bedeutung „Segel" hat, in den fünften, aber auch in der Singularform mit einem folgenden austro oder auras (Aen. 3, 357. 4, 417). Die Pluralform carbasa fällt zuerst bei Ovid recht stark auf und wird hier im Hexameter, mit Ausnahme von 3 Versen, wo sie auch noch im ersten Fusse steht (Met. 6, 233. 11, 477. 13, 419.), stets für den fünften verwendet; da begegnet uns unter anderen auch die Verbindung

Rem. Am. 531:
. . referant lua carbasa venti
Trist. 1, 2, 01:
ferte . rapidi mea carbasa venti
A. A. 2, 337:
. . quo dederas a litore carbasa vento

die bei den Folgenden immer mehr und mehr beliebt wird und natürlich oft auch zu tiefer eingreifenden Aehnlichkeiten führt. Z. B

Lucan. 9, 77:
. et invisi tendunt mihi carbasa venti
Val. 1, 422:
. et placidi tendebant carbasa venti

Vgl. Lucan. 3, 596. 5, 560. Sil. 3, 130. Stat. Ach. 1, 446. Ven. Vit. S. Mart. 3, 7 u. s. w.[1]).

---

[1]) Hier mag auch der heteroclite Plural sibila kurz erwähnt

Daneben wieder nicht uninteressant die Verbindungen carbasa votis (z. B. Stat. Silv. 3, 2, 100) carbasa fatis (Sil 2, 425) u. dgl.

Auch über kann ich beispielshalber noch hier kurz erwähnen und bemerken, dass unter den mannigfachen diesbezüglichen Verbindungen die aus Verg. 3, 392 (circum ubera nati; vgl. 5, 285) im weiteren Verlaufe verhältnissmässig am stärksten berücksichtigt wird und gar manche Anklänge hervorruft. Z. B.

Sil. 1, 379:

. . suspendit ab ubere natos

Val. 1, 185:

. . excussit ab ubere natus

Vgl. Sil. 3, 63. Val. 2, 203. Stat. Theb. 5, 205. Auson Idyll. 13, 63 u. s. w. Aus einem bekannten Grunde verweise ich auch noch ausdrücklich auf das sich forterhaltende ab ubere raptus (vgl. Ovid. II, 99).

Wir ersahen nun wol aus den besprochenen Beispielen bereits deutlich genug, mit welchen Wortklassen, resp mit welchen Casus derselben wir es hier jedesmal zu thun haben und es ist darum fast überflüssig beizufügen, dass sich diese und ähnliche Bemerkungen auch noch auf gar manche andere Wörter wie z. B. pondus, vulnus, gradus, frigus, munus, pulvis, sulfur, verber, tergus u. dgl., die alle in meinen Sammlungen stark vertreten sind, je nach der Bedeutung und Beliebtheit der einzelnen in grösserem oder geringerem Umfange ausdehnen liessen. So z. B. wären für pondus erwähnenswert die Zusammenstellungen pondere teli (z. B. Sil. 1, 336) pondere tellus (Sil. 4,

---

werden, der ebenfalls selt Ovid bes., mit lingua an unserer Stelle nicht ungerne auftritt. Z. B. Ov. Met. 15, 694: repetita dedit vibrata sibila lingua Lucan. 9, 631 stridula fuderunt vibratis sibila linguis Sil. 3, 185 vibrata per auras exterrent saevis a tergo sibila linguis; vgl. Sil. 2, 587 u. a. Eine Bemerkung über solche Plurale bei Köne Spr. d. röm. Ep. S. 31.

199) pondera terrae (Claud. Mall. Theod. Cons. 76) pondere ferri (Lucan. 4, 776) und von einem anderen Gesichtspunkte die stets noch (vgl. Ovid. II, 36) fortdauernde Verbindung mit saxum (z. B. Lucan. 6, 199. Mart. 1, 88, 3. Stat. Theb. 12, 742); für vulnus die auch in anderen ähnlichen Fällen öfter vorkommende und für unseren Zweck gewiss beachtenswerte Umstellung vulnere pectus (z. B. Sil. 1, 168. Stat Theb 10, 439) und pectore vulnus (vgl. Ovid. II, 26 — Sil. 5, 594); für grando die Verbindung mit nimbi, die dann besonders bei Silius (z. B. 3, 490. 5, 384. 12, 22. 13, 15) gerne begegnet u. s. w.

Dieses letzte Beispiel führt mich zur Bemerkung, dass mehrere Dichter, abgesehen von den bei dieser Art des Versschlusses Allen gemeinsamen Wiederholungen, sich noch den einen oder anderen Lieblingsausgang ganz besonders angewöhnt zu haben scheinen; so z. B. wieder Silius, der in dieser Beziehung eine Hauptrolle spielt, die Schlussverbindung cuspide vulnus (z. B. 1, 550. 4, 188; 619. 7, 650. 17, 452) proelia miscet (vgl. Ovid. II, 30 — Sil. 1, 266. 10, 423. 14, 155; 521. 15, 670 immer mit einem vorhergehenden fera) — und noch mehr die Zusammenstellung des an unserer Versstelle ohnehin beliebten moenia (vgl. z. B. moenia Troiae Ovid. II, 76. Val. 4, 58 Sil. 13, 61) mit Romae (vgl. Sil. 1, 389; 608. 3, 182; 509. 17, 354 und sehr oft. Die Verbindung übrigens natürlich auch bei Anderen: Lucan. 3, 90; 99; 298. Stat. Silv. 1, 2, 191. 4, 4, 14. 5, 2, 169). Aus der Zahl der anderen Dichter hebe ich beispielshalber noch Claudian namentlich heraus, welcher, obwol er bezüglich der Mannigfaltigkeit im Versbaue weit über einen Silius und seines gleichen steht, dennoch durch die beinahe unzählbare Wiederholung des Wortes Tonantis oder Tonanti im Versschlusse fast ermüdet.

Von dieser kleinen Abschweifung zurückkehrend, notire ich, um auch die in dem bisher behandelten Schema des Hexameterschlusses verwendbaren Substantiva auf men zu berühren, als auffallende und mehrfach interessante Repräsentanten nomen, numen, lumen, limen, flumen, flumen und gramen. Für nomen und numen ist die Sache bekannt genug und welche Klangähnlichkeiten dadurch manchmal entstehen, bedarf keiner Erwähnung, obwol die Dichter wol gerade mit Rücksicht darauf im Hexameterausgange den Anschluss von Götternamen an das erstere, eben weil sie sich dort so gerne mit dem letzteren verbinden, meist absichtlich zu vermeiden scheinen.

Besonders hervorzuheben ist speziell für numen wieder (vgl. Ovid. II, 113) die Zusammenstellung mit divûm, divae (z. B. Sil. 1, 93. Val. 3, 235. Stat. Theb. 12, 420. Aetn. 83. Grat. 16. Auson. Cl. Urb. 2, 11.). Für lumen notire ich als ganz interessante Beispiele lumina fletus oder fletu (z. B. Val. 2, 464. 7, 483. Stat. Silv. 5, 1, 32. Theb. 5, 728. 9, 601. 12, 49) lumina vultu (Lucan. 6' 658 Sil. 4, 234 7, 75. Val. 6, 584 7, 292. Stat. Theb. 10, 693 und bes. öfter bei Claudian) und lumina somnus oder somno (z. B. Sil. 5, 529. 7, 204; 633. 13, 641. Val. 1, 300. Claud. L. Seren. Reg. 91).

Unter den zahlreichen anderen Verbindungen verweise ich noch ausdrücklich auf die mit Phoebus und zwar deshalb, weil sie mir wieder beachtenswert erscheint für die Entstehung einer gewissen Klangähnlichkeit auch bei ganz verschiedenem Sinne; man vergleiche nur lumina Phoebi (z. B. Claud. R. P. 2, 28) limine Phoebi (Stat. Theb. 1, 665) nomine Phoebi (Val. 5, 483). Ebenso lumina cael (z. B. Claud. Gigant. 123) und limine caeli (Claud. Cons. Stil. 3, 287).

Limen steht übrigens an unserer Stelle besonders gerne verbunden mit den Genitiven von templum (Sil. 1, 617. 6, 454. 11, 81; 103. Stat. Theb. 1, 641. Mart. 12, 3, 7. Ven. 1, 2, 1. Anth. L. 4, 117 u. s. w.) porta (Lucan. 6, 200. Sil. 7, 49. 13, 73; 725. Val 1, 676. 7,

382. Stat. Theb. 8, 56. 10, 652. 11, 339. 12, 558. Orest.
tr. 246. 592.) vita (Lucan. 2, 106 Stat. Silv. 2, 1. 38. 4,
2, 13. Theb. 5, 260; 535. 7, 166. Claud III. Cons. Hon.
10) auch mors (Sil. 14, 444. Stat. Silv. 4, 6, 104. Ven. Vit.
S. Mart 1, 199 u. s w.)

Für die übrigen drei oben genannten Wörter uenne
ich die Lieblingsausgänge fulminis ictus (vgl. Ovid. II,
35; Sil. 14, 314. Stat. Silv. 3, 3, 158 Theb. 10, 618.
Juven 12, 17. Auson. Epigr. 2. 9 u. s w.; vgl. fulminis
ignis z. B. Lucan. 1, 606 Sil. 14, 589. Stat. Theb 8, 76.
Auson. Idyll. 6, 18) fluminis undae (Lucan. 1, 222.
Sil 9, 615. 13, 66. Val. 5, 350. Stat. Theb. 1, 575 Avien.
543.) gramine campus (vgl. Ovid. III, 24; Lucan. 4, 412.
9, 162 Sil. 7, 289. 13, 660. Stat. Silv 5, 3, 24. Claud.
Epigr. 20, 5. R. P. 3, 231 Avien. 998. Anth. L. 83,
65 etc).

Ein kleines Bild von den durch diese Erscheinungen
natürlich massenhaft hervorgerufenen Anklängen soll uns
wieder die Aushebung einiger diesbezüglicher Stellen geben:

Val. 2, 464:

. . . turgentia lumina fletu

Stat. Theb. 5, 728:

. . . maduerunt lumina fletu

Cir. 205:

. . dulci devinctus lumina somno

Val. 1, 300:

. . victa gravi ceciderunt lumina somno

Claud. L. Seren. Reg. 91:

. . placido cessiassent lumina somno

Sil. 7, 49.

. . tremuerunt limina portae

Stat. Theb. 9, 56:

. . tacuerunt limina portae

Lucan. 2, 106:

. . nec primo in limine vitae

Stat. Theb. 5, 535:

.... vix prima ad limina vitae

Claud. III. Cons. Hon. 10:

.... quem primo a limine vitae

Sil. 13, 660:

.. surgit per gramina campo

Avien. 998:

.... adsurgunt gramina campis

Um unsere Darstellnng möglichst zu vervollständigen, schliesse ich noch einige Vertreter anderer Substantivformen an, die sich für diese Art des Versschlusses eignen und die eine gewisse Geschichte zu haben scheinen.

Cornua tauri (vgl Ovid. III, 24) erhält sich als Lieblingsausgang fort (z. B. Sil. 6, 311. 13, 223. 15, 62. Val. 1, 787. 3, 266. Mart. 2, 43, 5. Auson Eclogar. 4, 14 Anth L 253, 181). Daneben auch wieder (vgl Ovid. I, 25; 74¹) cornua lunae (Lucan. 3, 595 Mart. 2, 35, 1. Stat. Ach. 1, 644. Anson. Idyll. 9, 14 u. s. w), das manchmal durch ein cornua Phoebes variirt wird (Val. 4, 361), und cornua fronte (vgl. Ovid II, 95; Sil. 13, 332 Petron. 126, 13. Grat. 489), womit wieder für den Klang der Ansgang cornua frondes (z. B. Claud. Bell Get. 413) verglichen werden könnte.

Für eine weitere Klasse von Substantiven hebe ich wieder geflissentlich einige von solchen Belegen, die wir für die frühere Zeit schon bei Ovid besprechen mussten, aus, um an ihnen noch einmal die Wirkungen dieser fast durchweg constanten Verbindungen im Versschlusse zu zeigen:

Für Ovid. I, 23. II. 80. III, 26 vgl. s. B.

Mart. 4, 13, 5:

... iungnntur vitibus olmi

---

¹) Bei Ovid ist diese Verbindung die beliebteste unter denen mit cornu; ich zählte im Ganzen 9 Beispiele bei ihm allein.

Stat. Theb. 6, 106:

    . . . nec inhospita vitibus ulmus

Juven. 11, 71:

    . . . . et servatae
parte anni, quales fuerant in vitibus, uvae

Mart. 1, 48, 8:

    non quae de tardis servantur vitibus uvae

Für Ovid. 1, 61:

Stat. Silv. 2, 2, 103:

    . . dulces rapuit de collibus uvas

Auson. Idyll. 10, 175:

    . . mediis furata e collibus uvas

Stat. Theb. 5, 295:

    . et e cunctis prospectem collibus undas

Aetn. 180:

    . et primis demittit collibus undas

Für Ovid. II, 15:

Sil. 12, 628:

    . . et caecum e nubibus ignem

Stat. Theb. 7, 158:

    . . . iaculatus nubibus ignem

Sil. 6, 282:

    . . exspirat naribus ignes

Val. 1, 221:

    . . . taurorum e naribus ignis

Für Ovid. II, 4 und I. 34:

Claud. Gigant. 48:

    . . tenebras e naribus efflant

Anth. L. 205, 12:

    . . . secessum naribus efflas

Für die Fortdauer des Ausganges ungula campo (Ovid. II, 5. III. 84) verweise ich auf Sil. 6, 217 Stat. Ach. 1, 123. Theb. 6, 401; 459. 12, 656. Silv. 5, 3, 55. Coripp. Joh. 5, 20, wobei das häufige Vorkommen gerade bei Statius wieder interessant ist für eine frühere Bemerkung bezüglich der Vorliebe mancher Dichter für gewisse Schlussformeln.

Ganz kurz kann hier auch auf den seit Vergil stets
sich erhaltenden Schluss regia coeli aufmerksam gemacht
werden z. B. Verg. 7, 210 Ov. Met. 2, 298 Lucan 1, 46
Val. 1, 668 Sil. 1, 136 Stat. Theb. 11, 218.

Schliesslich noch über Sirius eine Bemerkung. Das
Wort scheint von einigen Dichtern geflissentlich vermieden
zu werden; Ovid z. B. und Horaz gebrauchen es nie und
haben dafür an unserer Versstelle das rein lateinische canicula. So
Ov. A. A. 2, 231:

. . . . sitiensque Canicula tardet

womit der, allerdings wahrscheinlich als parodirtes Citat
aus Furius zu betrachtende Versschluss
Hor. Sat. 2, 5, 39:

. . . seu rubra Canicula findet

zu vergleichen wäre. Horaz gebraucht aber auch sonst
ausschliesslich entweder diesen Ausdruck (Carm. 3, 13, 9)
oder glattweg canis (Sat. 1, 7, 2); Epist. 1, 10, 16), wie
auch Ovid bes. in den Fasti (4, 904; 939 ff.) Bei Vergil
aber begegnet Sirius als Substantiv zweimal und zwar
immer im 5. Fusse (Aen. 3, 141 Georg. 4, 425) und für
die Späteren wird dieser Gebrauch massgebend. Dabei
treffen wir natürlich öfter auch in den Verbindungen engen
Anschluss an die vergilischen Stellen, wie z. B.
Stat. Silv. 3, 1, 54:

. . incendit Sirius agros
Verg. Aen. 3, 141:

. . . exurere Sirius agros[1])
Vgl. Mart. 4, 66, 13.

Daneben aber auch die verschiedenartigsten anderen
Zusammenstellungen, die aber im Ganzen eine gewisse
Monotonie im Baue solcher Verse nur wenig zu alteriren
vermögen.

---

[1]) Derselbe Ausgang übrigens auch bei Tibull. 1, 7, 21: Arentes
cum findit Sirius agros.

Sil. 16, 99:
    aut cum letiferos accendens Sirius ignes

Rudl. 1, 479:
    ast ubi flagrantes admovit Sirius ignes

Sil. 14, 621:
    primum letiferos repressit Sirius aestus

So Sirius ardens (Claud. in Ruf. 1, 241. Epigr. 59, 5. Aetn. 597) Sirius alget (Stat. Silv. 1, 2, 156) Sirius urit (Claud L. Seren. Reg. 6) Sirius ovis (Claud. L. Stilich. 2, 466) u. s. w.

Ich schliesse hiemit, da mir die vorgebrachten, nach den verschiedensten Gesichtspunkten sorgfältig ausgewählten Belege für unseren Zweck mehr als hinreichend scheinen, die Untersuchung über diesen ersten wichtigen Theil ab und gehe zu einer kurzen Besprechung jenes Falles in dem hier behandelten Schema des Versschlusses über, wo der fünfte Fuss durch eine daktylische Verbalform gedeckt wird und im 6. ein Substantiv sich anreiht Es dürfte sich diese Form nach meinen Betrachtungen bei den verschiedensten Dichtern der Zahl nach zu der vorigen im Durchschnitte beiläufig wie 1 : 4, im besten Falle wie 1 : 3 verhalten. Dennoch wäre diese Zahl in Anbetracht des ungemein häufigen Vorkommens jenes ersten Falles noch immerhin sehr beachtenswert, wesshalb ich eben diese Erscheinung vor manchen anderen näher untersuchen zu müssen glaubte; das Resultat aber war mit dem früheren im Ganzen und Grossen gar nicht zu vergleichen. Kehren auch gewisse Verba und gewisse Formen wie z. B. das Particip concitus (vgl. Ovid. I, 11), Infinitive nach der dritten Conjugation wie pellere, rumpere, pendere, quaerere, credere, iungere, ponere, tollere, mergere, mittere u. dgl. verhältnissmässig häufig wieder, so folgen sie doch in der Regel nicht so auffallend rasch aufeinander oder es sind selbst im entgegengesetzten Falle (z. B. Val. 1, 1—211 schon zweimal concitus im 5. Fusse) doch die Verbindungen meist viel mannigfaltiger. Durch dieses allgemeine Urtheil soll und kann aber natürlich nicht etwa das Vorkommen von Wiederholungen der Schlussverbindungen auf diesem Gebiete überhaupt geläugnet werden; es handelte sich eben um ein vergleichendes Urtheil, mit Rücksicht auf das Auffallende und Massenhafte, wie wir es früher gefunden und wie es eben auftreten muss, um unsere besondere Aufmerksamkeit auf sich zu ziehen. Dennoch lasse ich, um die Sache auch hier durch Beispiele zu veranschaulichen, ein Paar Belege folgen, wobei ich wieder hauptsächlich uns schon aus früheren Dichtern Bekanntes berücksichtige.

Für Ovid. II, 72 vgl.:

Lucan. 1, 246:

    . . gelidus pavor occupat artus

Sil. 6, 409:

    . . gelidos mortis color occupat artus

Val. 4, 664:

    . . . . pavor occupat artus

Anth. L. 8, 18:

    . . subitus tremor occupat artus

Vgl. Stat. Ach. 2, 256 u. s. w.

Ovid. II, 86:

Lucan. 8, 195:

    . . . et quas Chios asperat, undas

Val. 2, 435:

    . . . . ipse deus tunc asperat undas

Ovid. II, 80:

Val. 1, 317:

    . . . planctus super eminet omnis

Ov. Trist. 1, 2, 49:

    . . . . fluctus super eminet omnes

Sil. 1, 28:

    . . aeternam condere gentem

Verg. Aen. 1, 33:

    . . . Romanam condere gentem

Derartige Stellen liessen sich natürlich ohne die ge-

ringste Mühe ganz bedeutend vermehren, aber ich halte
dies nach dem Gesagten für überflüssig und bemerke darum nur noch, dass hier selbst die hervorragendsten Verbindungsgruppen in meinen Sammlungen nur durch 5—6
Beispiele vertreten sind; eine Ausnahme machen hie und
da nur die Infinitive nach der dritten mit einem folgenden
Objectsaccusativ, wie z. B. pellere curas, rumpere somnos
u. dgl., aber auch da ist die Sache nicht so auffallend,
weil diese Zusammenstellungen auch öfter an einer anderen
Versstelle verwendet werden und darum der Eindruck eines
stereotypen Formelwesens häufig verwischt wird Man vergleiche z. B. nur

Lucan. 3, 25:
  dum non securos liceat mihi rumpere somnos
Ov. ex P. 3, 8, 55:
  ne tamen iste metus somnos tibi rumpere possit

Aehnliches lässt sich im Allgemeinen von jener Form
unseres Versschlusses sagen, wo der Daktylus des 5. Fusses
durch ein Adjectiv vertreten wird. Einen besonderen Hinweis scheinen mir hier für unsere Aufgabe nur die dreisilbigen Adjective auf bilis zu verdienen, von denen ich
ausdrücklich nobilis, mobilis und flebilis hervorhebe, die
nicht selten dieselben Verbindungen oder manchmal bei
häufigerem Vorkommen auch sonst eine gewisse Monotonie
hervorrufen Bei dieser Gelegenheit schliesse ich wol am
Besten auch die allgemeineren Bemerkungen über diese
ganze Klasse von Adjectiven, die mehrsilbigen eingeschlossen,
gleich hier an. Die Verwendung derselben im fünften Fusse,
die uns bereits bei den früheren Dichtern und hauptsächlich
bei Ovid auffiel (Ovid. I, 14. II, 112. III, 30) erhält sich
auch bei den Späteren fort und tritt auch da wieder gerade bei Einigen ganz besonders hervor. Die Forschungen,
die ich hierüber bei den beachtenswertesten Dichtern anstellte, ergaben folgendes Resultat: für Lucan notirte ich
mir 29 solche Beispiele, wovon 8 allein auf das achte

Buch (872 V.) fallen, während in den sechs ersten Gesängen (4662 V.) mir nur 13 derartige Stellen begegneten. Bei Silius dagegen ergaben schon die 6 ersten Gesänge (4340 V.) die Summe von 38 Belegen. Statins hat in eben so vielen Büchern der Thebais (4726 V.) 40, Valerius Flaccus aber in dem nämlichen Abschnitte seines Werkes (4472 V.) wieder nur 17 so gebaute Ausgänge. Verhältnissmässig wenig scheint auch Claudian dieses Mittel einer bequemen Versification angewendet zu haben; ich traf da unter 4732 Versen (Prob. et Olyb. Cons.; in Ruf. I. II.; IV. Cons. Hon.; VI. Cons. Hon.; in Eutrop. I. II.; R. P. I. II. III.), die ich zu diesem Zwecke prüfte, 16 Belege. Von seltenen, resp. neuen diesbezüglichen Bildungen hebe ich beispielsweise hervor: quassabilis Lucan. 6, 22 (ἅπαξ εἰρ.) — habitabilis (beachtenswert wegen der Bedeutung: bewohnt) Sil. 1, 541 — iaculabilis bei Stat. Theb. 6, 658 nach dem einmaligen Vorgange Ovids Met. 7, 680 — plorabilis Claud. in Eutrop. 1, 261. Pers. 1, 34 — luctificabilis Pers. 1, 78¹).

Ich habe nun durch diese erweiterten Bemerkungen schon gewissermassen den Uebergang gebahnt zu einer andern hier zu berührenden Art des Versschlusses, zu der nämlich, wo der sechste Fuss zwar auch noch rein für sich durch ein zweisilbiges Wort gedeckt wird, für die Bildung des fünften aber ein mehrsilbiges dient, das auch noch in den vierten Fuss hineinreicht. Hier schienen mir die Anklänge wieder auffallender, obwol freilich an eine Vergleichung mit den massenhaften Erscheinungen beim ersten Falle des früheren Schema's auch da nicht zu denken sein dürfte. Ich wähle einige Belege aus, die meine Aufmerksamkeit besonders auf sich zogen. Sehr interessant sind vor Allem die Beispiele für lanugo im Anschlusse an Ovid. II, 25, wesshalb ich dieselben als Fortsetzung meiner dor-

---

¹) Nach der Bildung des Pacuvius.

tigen Beobachtungen und zur besseren Veranschaulichung einer so wichtigen Erscheinung hieher stelle.

Lucan. 10, 135:
   vix ulla fuscante tamen lanugine malas

Sil. 2, 319:
   nondum signatae flava lanugine malae

Sil. 7, 691:
   at Cato, tum prima sparsus lanugine malas

Sil. 16, 469:
   mox subit, aspersus prima lanugine malas

Stat. Theb. 7, 655:
   . . . crescunt lanugine malae

Mart. 2, 61, 1:
   cum tibi vernarent dubia lanugine malae

Vgl. Calpurn Ecl VIII, 77 Wernsdorf p. l. m. IV, 489, 14*).

Es ist dies also eine Verbindung, die sich von Lucrez auf die Augusteer und von diesen wieder consequent auf die Späteren vererbte und so gewissermassen zu einer epischen Formel wurde. Wir haben hier aber, um dies ausdrücklich zu bemerken, einen von jenen Fällen, wo wol kein anderer Grund für die Wiederholungen aufzufinden ist, als der, dass die einmal erfundene Zusammenstellung gefiel und fortan von den Meisten als Muster angesehen wurde; denn dass sich das Nämliche auch mit Beibehaltung des Wortes lanugo auch ganz gut anders ausdrücken liesse, zeigt recht deutlich Claudian

Prob. et Olyb. Cons. 70:
   oraque ridenti lanugine vestiat aetas

Wir werden uns Aehnliches gar wol zu merken haben.

---

*) W. Ribbeck citirt zu dem diesbezüglichen Verse Vergils (Aen. 10, 324) sonderbarer Weise unter den imitatores nur diese zwei letzten, von uns deshalb blos mit Zahlen angeführten Stellen. Den Raum für die auctores lässt er vollständig leer, obwol hier nach unseren Forschungen bekanntlich Lucrez bedeutend in Betracht kommt.

Zunächst scheinen dann hier beachtenswert die uns schon bekannten (Ovid. I, 28. II, 33) häufigen Wiederholungen von Wörtern wie silentia, oblivia, solatia an unserer Versstelle. Unter den verschiedenen Verbindungen, die silentia eingeht (z. B. lunae Stat. Theb. 2, 58. linguae Mart. 5, 69, 7. Lethes Stat. Silv. 2, 6, 100 vitae Sil. 3, !45 silvae Claud. L. Stilich. 1, 228 u. dgl.), muss ich auch hier wieder als die für die fortwährende Entstehung von recht auffallenden Anklängen bedeutsamsten silentia noctis (z. B. Sil. 5, 2. Val. 2, 288. 3, 398. Stat. Theb. 1, 441. Anth. L. 83, 82) und silentia rumpit (Lucan. 6, 729. Sil. 5, 13. Val. 3, 509. Ven. V. S. Mart. 4, 220 u. s. w.) hervorheben. Ich mache hier im Vorbeigehen auch noch darauf aufmerksam, dass ich die angeführten Belegstellen aus Silius und Valerius gerade desshalb anderen vorgezogen, um zugleich wieder zu zeigen, wie rasch nacheinander häufig das nämliche Wort dieselbe Versstelle einnimmt. Auch das muss ich noch bemerken, dass hier die Aehnlichkeit im Baue selbst bei Verbindungen mit den verschiedensten Substantiven in den meisten Fällen weit in den Vers eingreift, da fast immer ein ‚per' mit einem Adjectiv vorangeht: per amoena silentia Lethes, per vasta silentia silvae, perque alta silentia noctis, per opaca silentia noctis u. s. w. Für oblivia bemerke ich, indem ich die Zusammenstellungen mit einem Pronomen als zu bekannt übergebe, nur kurz, dass hier die Substantivverbindungen sich öfter mit den obigen berühren und dabei zugleich gar nicht selten auch wieder unter sich durch gleichmässiges Einwirken auf vorhergehende Versstheile die wechselseitige Aehnlichkeit noch mehr steigern. Z. B.

Sil. 1, 235:

  . . referens oblivia Lethes

Stat. Theb. 1, 541:

  . . referens oblivia vitae

Für solatia mache ich aufmerksam auf Verbindungen

wie solatia mortis oder morti (Lucan. 8, 314 Stat. Theb. 1, 596. 9, 664. Claud. L. Stilich. 1, 339 u. s. w.; für den Klang vgl. wieder solatia morbis Claud. in Eutrop. 2, 355) — solatia leti (z. B. Stat Silv. 2, 5, 24. Theb. 9, 17. Claud. in Ruf 2, 19) — solatia luctus (Sil. 13, 392. Stat. Theb. 9, 569. Claud. L. Seren Reg. 105) u. dgl.

Für den Gebrauch von amplexus oder complexus an unserer Versstelle hebe ich, abgesehen von der Beliebtheit desselben, ganz besonders desswegen recht gerne ein Paar Stellen aus, weil da wieder der Gleichklang selbst bei verschiedenen Zusammenstellungen so auffallend hervortritt.

Lucan. 8, 67:

. et adstrictos refovet complexibus artus

Sil. 0, 43:

nequidquam fovet extremis amplexibus artus

Val. 3, 310:

. . exangues miscere amplexibus artus

Lucan. 8, 723:

. tenet ille ducem complexibus arctis

Sil. 14, 552:

. . qui correptos amplexibus artis

Vgl. Stat. Silv. 5, 1, 194:

. . . sociosque amplectitur artus

Zur Vertretung der hieher gehörigen Substantiva auf men soll uns certamen dienen, das in den Verbindungen certamina belli, pugnae, campi oder campo bekanntlich (vgl. Ovid. II, 34) sehr oft in dieser Art des Verschlusses begegnet, wesshalb ich nur ausdrücklich hervorhebe, dass auch hier wieder Silius eine Hauptrolle spielt (z. B. 5, 302. 7, 532. 9, 370. 10, 472. 12, 297. 13, 876. 16, 373. 17, 547).

Eine beachtenswerte Gruppe bilden hier auch Wörter wie arundo, formido, cupido, dulcedo u. dgl., da sich einerseits althergebrachte Verbindungen constant forterhalten, andererseits auch öfter, wie beispielshalber bei den zuletzt genannten, gerne wieder im 6. Fusse dieselben Ausdrücke wechselseitig sich anschliessen, was manchmal ebenfalls zu der uns schon bekannten Eintönigkeit in den Versreihen nicht wenig beiträgt. Ein Paar Belege sollen dies zeigen: Zu Ovid. I, 89. II, 105 vgl.

Cul. 99:

  compacta solitum modulatur arundine carmen

Sil. 14, 471:

  . . septena modulatus arundine carmen

Auson. Epigr. 1, 13:

  et commutata meditatur arundine carmen

Ovid. I, 25:

Lucan. 4, 437:

  . . sic dum pavidos formidine cervos
  claudat

Sil. 3, 297:

  . praecipitant volucres formidine cervi

Die Zusammenstellung von cupido mit dem Adjectiv caecus ist uns ebenfalls schon bekannt (Ovid. II, 45); nur glaube ich hier die Bemerkung machen zu sollen, dass, während bei den Früheren das Wort im Allgemeinen lieber für die Bildung des 6. Fusses verwendet worden zu sein scheint (daher dort bei unserer Verbindung caeca cupido), bei den Späteren der Gebrauch im fünften mehr und mehr beliebt wird; daher cupidine caeci, das Lucan allein schon zweimal braucht:

1, 87:

  . . . nimiaque cupidine caeci

7, 747:

  . . aurique cupidine caecos

Für die erwähnten verwandten Verbindungen bei solchen Substantiven vergleiche man beispielsweise noch folgende Stellen mit den zuletzt citirten:

Sil. 6, 190:

  . . at subita formidine caecus

Val. 2, 131:
. . . turpique cupidine captos
Ov. ex P. 1, 3, 85:
. qua natale solum dulcedine captos
Cul. 125:
. . nimia tenuit dulcedine captos
Juven. 7, 84:
. . tanta dulcedine captos
Anth. L. 113, 7:
. . . . . gemina dulcedine capto

Von fast stereotyp gewordenen Verbalformen in unserem Schema liesse sich eine nicht ganz unbeträchtliche Zahl auffrühren; ich wähle der Kürze halber nur zwei Belege aus, die mir recht hervorragend schienen und die uns wieder die Folgen aller hier besprochenen Erscheinungen ganz gut veranschaulichen dürften:

Mart. 1, 89, 1:
. . raptum domino crescentibus annis
Stat. Silv. 3, 5, 23:
. . . iunctam florentibus annis
Auson. Parent. 7, 5:
. . . et adhuc florentibus annis
Stat. Theb. 1, 21:
. . . vix pubescentibus annis
Stat. Theb. 1, 571:
. . primis et pubescentibus annis
Auson. Parent. 23, 7:
. laetis et pubescentibus annis
Petron. 119, 20:
. . male pubescentibus annis

Daneben aber auch puerilibus annis (z. B. Sil. 11, 145. Mart. 6, 52, 1 Auson. Idyll. 5, 1) iuvenilibus annis (Auson. Idyll 4, 38).

Dieselben Aehnlichkeiten wieder bei einer Schlussverbindung ganz anderer Art, bei occumbere leto: Lucan 2, 98. Sil. 13, 380. Val. 1, 633. Stat. Theb. 1, 595. 5, 693

u. s. w. Daneben noch occumbere morte (z. B. Lucan. 4, 165), occumbere ferro (Stat. Theb. 9, 509) u. dgl

Für eine ganz eigene Gruppe notire ich hier endlich noch im Anschlusse an Ovid. II, 67 als gewiss interessante Belege für das Constante selbst derartiger Verbindungen von den besten bis in die spätesten Zeiten:

Lucan. 5. 74:
Delphica Thebanae referunt trieterica Bacchae
Val. 2, 623:
. Ogygii quam nec trieterica Bacchi
Auson. Idyll. 11, 35:
qualis bis genito Thebis trieterica Baccho[1]),

Schenken wir nun auch noch den Formen jenes Hexameterausganges einige Beachtung, wo das Schlusswort ein dreisilbiges ist. Vor Allem wird hier das Schema in Betracht kommen müssen, welches neben dem von uns an erster Stelle behandelten bekanntlich am meisten anerkannt wurde, nämlich: $-\smile\ \smile\stackrel{\shortmid}{-}$. Das Resultat möchte ich im Allgemeinen wol am ehesten kurz mit dem des unmittelbar vorhergehenden Falles vergleichen. Es begegnen auch da recht gerne gewisse Lieblingswörter in verwandten Verbindungen und rufen oft ganz artige Gleichklänge hervor; aber die Zahlen bei den Citaten für die einzelnen Fälle stehen in meinen Sammlungen doch im Ganzen wieder gegenüber den Massengleichklängen bei der Substantivformation des ersten Schema's in der Regel bedeutend zurück. Doch beschauen wir Einzelnes.

Colonus finde ich schon bei Vergil und Ovid im Hexameter ausnahmslos als letztes Wort gebraucht, was bereits dort manche Anklänge resp. Wiederholungen motivirt. Z. B.

---

[1]) Einen Vers aus der Anth. L. findet man bei W. Ribbeck zu Verg. 4. 302, wo nun auch wol einige von unsern Stellen einzureihen sein dürften.

Ov. Am. 3, 10, 7:
>nute nec hirsuti torrebant farra coloni

Ov. Fast. 6, 313:
>sola prius furnis torrebant farra coloni

Verg. Georg. 1, 125:
>ante Jovem nulli subigebant arva coloni

Ov. Met. 11, 33:
>dura lacertosi fodiebant arva coloni

Diese letztere Zusammenstellung oder die ganz ähnliche mit rura wird nun später bes. bei einigen Dichtern recht beliebt. Z. B. Lucan I, 216; 170. 2, 635. 6, 277. Claud. IV. Cons. Honor. 418. Bell. Gild. 198. Actn. 257. Avien 649.

Ganz ähnlich steht es um columna, das wir in den Schlussverbindungen alta columnis (Ovid. II, 82), innixa oder fulta columnis (Ovid. I, 86) bereits in der besten Zeit kennen gelernt haben. Und so geht es nun auch bei den Späteren fort. Z. B.

Mart. 12, 50, 3:
>et tibi centenis stat porticus alta columnis

Juven. 7, 182:
>. . longis Numidarum fulta columnis

Claud. In Ruf. 2, 135:
>. quid purpureis effulta columnis

Stat. Silv. 1, 2. 153:
>. innumeris fastigia nixa columnis

Stat. Theb. 2, 67:
>. . excelsis suamet iuga nixa columnis

Avien. 376:
>templa Sinopaei Jovis adstant nixa columnis

Stat. Silv. 4, 2, 18:
>. . . non centum insigne columnis

Erwähnenswert ist an dieser Stelle im Anschlusse an Ovid. I, 82 auch die Fortdauer der Verbindung toris acervos. Z. B.

Stat. Silv. 2, 1, 31:

. . saevos damnati turis acervos

Stat. Theb. 11, 222:

. . . et magni turis acervos

Mart. 7, 54, 5:

. salsasque molas et turis acervos

Ein uns ebenfalls aus den Ovidstudien (II, 31) recht geläufiger, hieher gehöriger Versschluss ist stirpe creatus; auch er bläbt natürlich fort. Z. B.

Stat. Theb. 1, 463:

. . . magni de stirpe creatum

Anth. L. 158. 7:

. . magis est de stirpe oroata

Doch muss ich hier noch fast mehr auf die Verbindungen stirpe nepotes (z. B. Sil. 3, 252. 11, 296. Val. 1, 523. 5, 500. Stat. Silv. 2, 1, 199) und stirpe parentum (Sil. 2, 178. 14, 290. Anson. Prof. 12, 3. Epitaph. Her. 25, 5 u. s. w) aufmerksam machen, die eine Masse von auffallenden Anklängen motiviren. — Ausserdem öfter mit einem folgenden Compositum mit der Vorsilbe re, wodurch häufig auch bedeutende Aehnlichkeit entsteht. Z. B.

Stat. Theb. 1, 242:

. . totumque a stirpe revellam

Claud. in Huf. 2, 207:

. . penitus de stirpe revelli

Solche Composita spielen natürlich bei diesem Schema und auch bei der folgenden Abtheilung, wie wir sehen werden, im 6. Fusse überhaupt eine grosse Rolle; hier einstweilen nur noch Belege für eine uns auch schon bekannte (vgl. Ovid. II, 64) diesbezügliche Schlussformel:

Sil. 1, 450:

. . . et post terga revinctum

Sil. 16, 72:

. . . palmas post terga revinctus

Stat. Theb. 12, 677:

. . . ferro post terga revinctas

Claud. L. Sulich. 1, 213:
. . quam si post terga revincti
Claud. R. P 1, 165:
. . qui saucia terga revinctus¹).

Ein diesbezüglicher, wieder durch seine Geschichte interessanter Versausgang ist der bei Späteren so gerne gebrauchte: flore iuventus oder iuventae. Meines Wissens findet sich die Verbindung in dieser Weise benützt zuerst bei

Verg. 7, 162:

. . . et primaevo flore iuventus

Der Uebergang zu dem für die Versification gleichlautenden, für die Construction aber ein anderes Feld eröffnenden und in dieser Beziehung Wechsel bietenden Ausgang flore iuventae war schon frühe vermittelt, da bereits Livius statt des gewöhnlich in Prosa gebräuchlichen und noch von Lucrez in seinen Hexameter übertragenen flos aetatis die Phrase flos iuventae (28, 35, 7) gebraucht hatte. Und so sagt denn Silius in dieser Weise variirend, aber zugleich doch offenbar unter Einwirkung der vergilischen Stelle:

Sil. 1, 376:
emicat ante omnes primaevo flore iuventae

Sil. 16, 408:
. confisus primaevae flore inventae

Und nun geht es fort:

Val. 1, 101 :
. . primae seu quos in flore iuventae

Stat. Silv. 1, 2, 276:
. . longe virides sic flore iuventae

Stat. Silv. 5, 5, 18:
. . tenerae signatum flore iuventae

---

¹) Ein Paar andere Stellen noch bei W. Ribbeck zu Verg. 2, 57, wo alle obigen vernachlässigt sind.

Stat. Theb. 7, 301:

    . ac primae genitorem in flore iuventae

Auson. Parent. 14, 8:

    . in primae raptus mihi flore iuventae¹)

u. s. f.

Daneben öfter florente iuventa: Sil. 16, 456. Auson. Parent. 8, 11. Claud. VI. Cons. Honor. 580 u. s. w.

Hieran schliesse ich einen in anderer und mehrfacher Beziehung interessanten Versschluss dieses Schema's, der uns wieder nicht mehr neu ist. Ich meine die Verwendung eines zweisilbigen Casus von os an unserer Versstelle mit einem nachfolgenden dreisilbigen Worte, das eine Art von Alliteration im Inlaute hervorruft. Wir haben in dieser Beziehung bei den früheren Dichtern auf die Zusammenstellung ora rubore oder ore ruborem oft genug zurückkommen müssen (Ovid. 1, 53. 102. II, 81 und Anm. 1). Wie sich nun einerseits diese Erscheinung forterhält, z. B.

Stat. Theb. 2, 231:

    candida purpureum fusae super ora ruborem

Anth. L. 270, 12:

    sed si virgineum suffundunt ora ruborem

so wird andererseits gerade bei den Späteren das für den Klang so ähnliche ore cruorem recht beliebt, dessen Gebrauch übrigens auch schon bei Ovid auftritt. Während Vergil noch Verse baut wie

Aen. 5, 469:

    . . . . crassumque cruorem
    ore eiectantem

hat jener die Zusammenstellung im Schlusse

Met. 15, 98:

    . . nec polluit ora cruore

und am Anfange Met. 14, 238. Und nun vergleiche man:

---

¹) Für diesbezügliche Stellen aus der Anth. L. verweise ich einfach auf W. Ribbeck zum obengenannten Verse des Vergil, wo die-

Sil. 10, 247:
. . patulo spumantem ex ore cruorem
Sil. 10, 277:
. . lacero manantem ex ore cruorem
Sil. 15, 435:
. mero ructatos ore cruores
Val. 6, 705:
. . . subitos ex ore cruores
Petron. 120, 96:
. . nullo perfundimus ora cruore
Sil 1, 424 u. s. w.

Die oben besprochene Eigenthümlichkeit erhält sich, um dies ausdrücklich zu bemerken, auch noch in anderen Verbindungen von os z. B. ore decoros (Sil. 7, 448) ore canoro (Sil. 8, 249) ore timores (Stat. Theb. 11, 233) ore calores (Ven. V. S. Mart. 3, 86) u. dgl. und begegnete mir auch sonst häufig in recht auffallenden Erscheinungen, wovon ich bei dieser Gelegenheit einige anreiben will, da es mir die Sache gar wol zu verdienen scheint, dass auf sie aufmerksam gemacht werde. So fand ich dieselbe Form der Klangfignr in den Hexameterausgängen more labores (Claud. Cons. Stilich. 3, 14) uda paludes (Lucan. 3, 85) unda profundo (Aetn. 317) voce feroci (Claud. de Nupt. Honor. 320) frena venenis (Claud. R. P. 1, 183) u. dgl. Für andere Formen des Versschlusses Analoges z. B. in: matrona corona (Lucan. 2, 358) mucrone coronae (Claud. in Ruf. 2, 393) gurgitis urget (Avien. 1178) rubore cruoris (Ven. V. S. Mart. 4, 252) u. ä.

Ich gehe nun schliesslich noch zu einigen, für unseren Zweck sehr erwähnenswerten Erscheinungen bei jener Form

---

selben mit Vorliebe gesammelt erscheinen, während die von uns citirten wichtigeren, mit Ausnahme einer silianischen ganz übersehen sind.

des Versansganges über, wo wir zwar auch noch das dreisilbige Wort im Schlusse finden, demselben aber statt des zweisilbigen ein drei- oder viersilbiges vorangeht. Vor Allem kann ich hier mit einiger Befriedigung darauf aufmerksam machen, dass der durch den Ablativ von cervix und ein angefügtes Compositum mit re gebildete Hexameterschluss, den ich seit dem Vorgange des Ennius als sehr beliebt schon bei den Früheren betonte (Ovid. II, 7 f.), auch in der Folgezeit seinen Einfluss fort und fort geltend machte und darum als eine so allgemeine Erscheinung unsere Beachtung gewiss nicht umsonst auf sich zog. Eine Liste diesbezüglicher Verbindungen, die ich mir notirte, wird uns das Constante dieses Gebrauches und die Art der dadurch motivirten Anklänge am besten und kürzesten ersichtlich machen: cervice reflexa (zur Ergänzung der Belegstellen in Ovid. II, 8 verweise ich nachträglich noch auf Cic. Arat. 60) Stat. Ach. 1, 382 — cervice revolsa Locan. 10, 100. Sil. 4, 181 — cervice reducta Val. 4, 266 — cervice recepta oder recepit Lucan. 2, 604. Val. 1, 349. Mart. 6, 76, 5 — cervice remisit oder remissa Val. 3, 344 Stat. Theb. 1, 99 — cervice recumbit Cir. 448. Stat. Theb. 8, 541 — cervice reportat Stat. Theb. 8, 748 — cervice recisa Lucan. 2, 112; 172. 9, 214. Sil. 11, 481. Stat. Theb. 10, 516 — cervice reposta Sil 7, 322 — cervice rebelli Claud R. P. 1, 157. Wie sehr solche Stellen zum grössten Theile sowol unter sich, als auch mit den früher angeführten ähneln, bedarf keiner weiteren Erwähnung. Nur möchte ich noch auf die ziemlich rasche Folge derartiger Ausgänge in manchen Partieen einzelner Dichter (z. B bei Lucan im 2. Buche) wieder ausdrücklich hinweisen.

Daneben findet sich aber das Wort, das in diesem Schema überhaupt ganz unläugbar eine Hauptrolle spielt, natürlich auch wieder in anderen Zusammenstellungen, mit eben so grosser Aehnlichkeit. Z. B

Val. 1, 259:
. . caraque diu cervice pependit
Stat. Silv. 1, 2, 103:
. . et tenera matris cervice pependit
Claud. R. P. 2 praef. 47:
. . Herculea mundus cervice pependit

Als zweites Beispiel soll uns tellus dienen, dessen Genitiv auch mit Vorliebe in diesem Schema zum Versschlusse verwendet und bei Späteren besonders gerne mit hiatus verbunden steht, welches Wort schon seit Lucrez für den 6. Fuss gebraucht wird. Ich fand den Ausgang auch bei Ovid:

Her. 3, 68:
. . . subito telluris hiatu

Durch das Vorangehen eines solchen Adjectivs wird nun auch hier wieder die Aehnlichkeit oft noch mehr gesteigert:

Lucan. 5, 82:
. . . vastos telluris hiatus
Sil. 9, 540:
. . vasto telluris hiatu
Stat. Theb. 1, 184:
. . foetae telluris hiatu

Auch verwandte Verba gehen gerne voran und der Gleichklang ist stets sehr auffallend: Sil. 14, 239 12, 128. Val. 7, 604. Stat. Theb. 8, 19. 11, 175. Orest. tr. 473 u. s. f.

Weiter reihe ich zur Vergleichung mit Ovid. II, 89 hier Verse an wie:

Val. 1, 659:
. . . sacro velatur amictu
Stat. Ach. 2, 321:
. femineo genitrix velavit amictu
Stat. Silv. 2, 1, 133:
. . . Puniceo velabat amictu
Auson. Epist. 24, 65:
. . auratus trabeae velavit amictus

Das Wort cachinnus, das besonders bei Späteren öfter bei dieser Art des Versschlusses begegnet, wähle ich wieder vor manchen anderen desshalb als Beleg, weil da die Geschichte dieses Gebrauches, so weit wir sie verfolgen können, nicht ganz ohne Interesse zu sein scheint. Nachdem Lucrez den Ausdruck im Ganzen zweimal schnell nacheinander (5, 1395; 1401) und zwar beidemal im Schlusse gebraucht, Vergil ihn aber stets verschmäht hatte, kommt er wieder je einmal bei Horaz (Epist. 2, 3, 113) und Ovid (A. A. 3, 287) auch an der genannten Versstelle vor. Erwähnenswert dürfte vielleicht sein, dass der Klang der Verbindung bei Ovid: ora cachinno eine gewisse Verwandtschaft verräth mit dem später öfter gebrauchten maiore cachinno. Z. B.

Juven. 3, 100:

. . . rides: maiore cachinno
concutitur

Juven. 11, 2:

. . . quid enim maiore cachinno
excipitur

Auson. Epigr. 54, 3:

. . . solito maiore cachinno
concussus

Ich sagte oben geflissentlich „vielleicht", weil eben bei Beurtheilung solcher Dinge immer die höchste Vorsicht nöthig ist, muss aber dabei gestehen, dass ich nach meinen vielfältigen Erfahrungen jetzt der Ansicht bin, dass der Klang einer recht gefälligen oder beliebten Schlussverbindung manchmal auch bei ganz verschiedenem Wortgebrauche und Sinne auf die Nachfolger fast unbewusst einwirkte. Ich habe schon oben bei Seneca auf etwas Aehnliches hingewiesen und erinnere hier beispielshalber nur noch an einen Fall

Claud. L. Stilich. 2, 198:

. . et collibus oscula notis
figit

Zingerle, röm. Dichter. 6

wo mich Bau und Klang immer unwillkürlich an viele jener
Halbverse erinnerten, wo das oscula nati oder natis seine
Rolle spielt.

Endlich wähle ich noch zur Vertretung eines viersilbigen Wortes vor einem dreisilbigen im Hexameterschlusse
den häufig wiederkehrenden Gebrauch von redimire oder
redimitus, eben weil er uns wieder von früher so bekannt
(vgl. Ovid. I, 11. II, 38) und darum vorzüglich geeignet
ist, zugleich die constante Wirkung gewisser Verbindungen
selbst in den verschiedensten Perioden zu repräsentiren.

Die Verbindung mit corona fiel uns neben der mit
capillos bei Ovid am meisten auf und ich benütze diese
Gelegenheit, noch einen diesbezüglichen Vers, der damals
aus Versehen wegblieb, nachzutragen:

Fast. 6, 321:
    turrigera frontem Cybele redimita corona

Derartiges erhält sich auch später; z. B.
Sil. 16, 578:
    intonsasque comas viridi redimita corona
Mart. 8, 70, 5:
    Pieriam tenui frontem redimire corona
Mart. 12, 98, 1:
    Baetis olivifera crinem redimite corona

Daneben auch Anderes, was aber dem Gleichklange
im Ganzen oft recht wenig Eintrag thut, wie:
Stat. Silv. 1, 5, 16:
    et vitreum teneris crinem redimite corymbis
Stat. Silv. 5, 1, 50:
    et caris gaudet redimita racemis

Ich schliesse hier die Detailuntersuchungen und die
Anführung von diesbezüglichen Belegstellen ab, obwol es
mir, offen gesagt, einigermassen schwer fällt, da meine
Sammlungen noch überdies ein recht beträchtliches Materiale enthalten, das ich ohne weitere Mühe hier zum Besten
geben könnte. Aber ich musste mir gerade da, auf diesem

so ausgedehnten Gebiete, worüber sich ausschliesslich mit
Citaten schon ein ganzes Buch füllen liesse, gleich von
vorneherein eine gesunde Auswahl zur Regel machen, die
einerseits vollständig hinlängliche Belege zur Feststellung
eines Endresultates liefern, andererseits aber ebenso sorgfältig alles zu viel und jede unnöthige Belastung vermeiden
sollte. Dass ich übrigens bei dieser gewiss nicht leichten
Auswahl keine Mühe gespart und trotz der Beschränkung
auf die bedeutendsten bisher nicht näher besprochenen
Schemata im Hexameterschlusse doch gerade die wichtigsten und für die allgemeine Färbung der röm. Hexameterpoesie in den verschiedensten Epochen interessantesten
Erscheinungen theils durch einzelne recht schlagende Beispiele, theils durch Angabe des Ergebnisses meiner Forschungen möglichst klar zu machen und von den mannigfaltigsten, sich etwa darbietenden Gesichtspunkten zu betrachten versuchte, wird mir, so hoffe ich wenigstens, jeder
unbefangene Kenner gerne zugeben.

Im Allgemeinen ist eine weitere Formulirung des
Schlussergebnisses hier wol fast überflüssig, da wir aus den
angeführten Belegen deutlich genug ersahen, wie constant
sich viele Hexameterausgänge von den frühesten bis in die
spätesten Zeiten erhielten und wie sehr dieses Resultat
trotz des fast unübersehbar sich erweiternden Feldes im
Ganzen mit dem stimmt, was wir für die früheren Dichter
schon bei Ovid wiederholt zu bemerken Gelegenheit hatten.

Im Einzelnen aber glaube ich gerade durch diese sehr
beträchtliche Erweiterung der Untersuchungen einerseits
und zugleich durch strenge Sonderung der hauptsächlichsten Schemata und der darin mit Vorliebe gebrauchten
Wortformen, die natürlich in den Ovidstudien nach dem
ursprünglichen Zwecke jenes Buches und bei dem erst allmählichen Uebergange zu diesem Thema noch ferner lag,
auf einige Beobachtungen gestossen zu sein, die wol ohne
Bedenken einer allgemeineren Beachtung zu empfehlen sein

dürften. Vor Allem muss hier noch einmal betont werden, dass wir bei den Gleichklängen im Ausgange in einer grossen Anzahl von Fällen, ja vielleicht bei der Mehrzahl wol kaum an eine ganz direkte, gerade auf eine bestimmte Stelle zurückgehende Nachahmung denken können Zweitens scheint es unläugbar, dass die Anklänge im Ausgange am allermeisten bei Substantivverbindungen hervortreten und hier wieder in der überraschendsten Anzahl bei dem von uns zuerst behandelten Falle, wo die Erscheinungen in solchen Massen begegneten, dass wir uns zum grössten Theile nur mit einer Auswahl von recht schlagenden und die verschiedensten Perioden betreffenden Zahlencitaten begnügen mussten, obwol gerade da die Aushebung von Stellen, welche aber öfter ganze Seiten occupirt haben würde, gewiss ungeheuer imponirt hätte. Drittens endlich dürfte noch die in solchen Schlussverbindungen, selbst bei Veränderung des einen oder des anderen Wortes dennoch häufig sich erhaltende allgemeine Klangähnlichkeit doch nicht ganz ausser Acht zu lassen sein¹).

Dies in der Hauptsache unser Resultat nach speziellen Untersuchungen über wichtige Formen des Hexameterausganges im engen Anschlusse an schon früher gemachte Erfahrungen

Beschauen wir uns nun zunächst noch ganz kurz einige Hauptpunkte des Endergebnisses der oben erwähnten Forschungen über andere Arten des Versschlusses Wir nehmen zuerst die zum Theile in enger Beziehung stehenden Abhandlungen von Plew und Viertel vor Ersterer kommt, nachdem er die Beispiele für den in einem vier-

---

¹) Dass dann bei manchen Dichtern ein und dasselbe daktyl. Substantiv häufig in ganz kleinen Partieen im 5. Fusse unverhältnissmässig rasch wiederholt wird, ist sicher auch einer gewissen Beachtung wert und räth wenigstens zu einiger Beschränkung der Behauptung, dass die röm. Dichter es sorgfältig vermeiden, ein und dasselbe Wort in allzurascher Aufeinanderfolge zu wiederholen. (Vgl. A. F. Nake zu Val. Cato S. 280).

silbigen Worte bestehenden Versschluss lateinischer Hexameter im Einzelnen bei den bedeutendsten Dichtern der verschiedensten Perioden verfolgt und übersichtlich zusammengestellt, wobei uns gleich von vorneherein wieder die häufige Wiederholung einzelner Lieblingswörter unwillkürlich auffällt, zu einem Resultate, das für uns mehrfach interessant ist.

Ich muss mich natürlich nur auf die Aushebung von ein Paar Hauptpunkten beschränken und das Uebrige sammt der Beweisführung zum näheren Nachlesen empfehlen. Ennius, der noch mit vielfachen sprachlichen und metrischen Schwierigkeiten zu kämpfen hatte, scheint diesen Versschluss am häufigsten zu haben. Freilich war die latein. Sprache wol nicht so reich an Wortformen von der Messung ∪∪−⏑ als die griechische, wie dies eine Vergleichung des Ennius mit Homer zeigt. Bei Ennius kommen auf seine circa 600 Verse betragenden Fragmente 37 solche Versschlüsse; bei Homer kommt die gleiche Anzahl schon auf die 251 ersten Verse der Ilias. Die nächsten uns erhaltenen Epiker Vergil und Ovid schränken den Gebrauch noch unendlich mehr ein. Der von Corssen Ausspr. II, 443 hiefür angegebene Grund genügt allein wol nicht, es liegt ein anderer darin, dass das vorletzte, in der 5. Hebung stehende Wort den latein. Dichtern seiner Betonung wegen grosse Schwierigkeiten machte. — Die augusteischen Dichter erlauben sich den Versschluss grösstentheils nur bei griechischen Wörtern und Eigennamen, wobei gewisse, wie z. B das durch Catull Mode gewordene hymenaeus eine hervorragende Rolle spielen und ein auffallendes Contingent bei verschiedenen Dichtern liefern. Interessant sind manchmal (bes. bei Vergil) Fälle, wo auch das vorletzte Wort ein griechisches und die Herübernahme aus dem Griechischen augenfällig ist[1]).

---

[1]) L. c. S. 638, 639 und 640.

Aus Viertel's Abhandlung de versibus poetarum Latinorum spondiacis lernen wir nach sorgfältigen, durch eine gewissenhafte Sammlung der Beispiele unterstützten Untersuchungen, dass Ennius und Lucrez, die den Versschluss wol noch mehr unwillkürlich und aus Mangel an Kunst verwendeten, dabei meist lateinische Wörter gebrauchten, später aber seit Catull, der dieser Art des Ausganges zuerst als Zierde sich bediente, längere Zeit, bes. bei den Augusteern, mit Vorliebe griechische Wörter, daneben auch und bei einigen Späteren vorzugsweise latein. Eigennamen gewählt wurden, wodurch aber eben wieder eine Menge von Wiederholungen und Anklängen entstand. Wer nur einen Blick auf die diesbezüglichen Beispielsammlungen wirft, sieht gleich, welche Rolle auch hier wieder gerade bestimmte Lieblingswörter spielen wie Orionis, Orithyia, Ilithyia, Apenninus u. s. w. Der Verf. sagt in dieser Beziehung selbst: Satis, opinor, apparet ex hoc conspectu eorum vocabulorum quibus versus spondiaci conclusi sunt, idem saepius ab eodem poeta vocabulum in fine positum esse et alium ab alio talia sibi vocabula sumpsisse[1]). Auf die Sache wurden bereits die Alten selbst aufmerksam und trefflich hat Persius, wie L. Müller schön bemerkt[2]), seinen Vers, wo er jenen Modegebrauch bespöttelt[3]), auch mit dem oben citirten, mit einer förmlichen Wut benützten Apenninus geschlossen.

Ich habe hier wieder L. Müller erwähnt und bemerke dabei, dass dieser Gelehrte das Wichtigste von dem Resultate über diesen Versschluss, den Viertel der obigen sorgfältigen Detailbetrachtung unterzog und in manchen Punkten näher erörterte, bereits in seinem Werke de re

---

[1]) P. 806.
[2]) De re metr. p. L. p 114.
[3]) Sat. 1. 95.

metr. besprochen hatte[1]) und dass ich nur der äusseren Anordnung wegen bei diesem Punkte erst hier zu ihm überging, um einige andere seiner Bemerkungen, die wir für unseren Zweck berühren, aber an diese Stelle versetzen mussten, unmittelbar und ohne Unterbrechung kurz anzuschliessen. Wo L. Müller den verhältnissmässig seltenen Gebrauch eines einsilbigen Wortes im Hexameterschlusse in gründlicher Weise auseinandersetzt[2]), hebt er unter Anderem die Nachahmungen bei diesen Versen, die Aehnlichkeit des Klanges und dgl. selbst ausdrücklich hervor und bestätigt so auch für diesen Ausgang das, was wir mehr oder weniger bei allen Formen an dieser Versstelle getroffen.

Hier glaube ich am besten auch noch auf eine andere Stelle unseres Gelehrten aufmerksam machen zu sollen, die, obwol sie sich nicht gerade ausschliesslich auf eine bestimmte Art des Versschlusses bezieht, doch mit unserem allgemeinen Thema enge zusammenhängt. In den Sammelsurien wird einmal darauf hingewiesen[3]), wie in vielen Versen der Rythmus völlig derselbe ist, so die Zahl der Worte, ihre Abtheilung, ihr Numerus und ihre Beschaffenheit und dass sich die Nachahmung sehr häufig gerade durch diese Momente der Uebereinstimmung in den Redetheilen documentirt.

Die für diese Art der Nachahmung angeführten Beispiele sind trefflich gewählt und ihnen reihen sich ein Paar scharfsinnige Beobachtungen über die Motive etwaiger kleiner Veränderungen bei dieser Manipulation an. Da auch wir in den Ovidstudien so häufig und manchmal auch später (vgl. z. B. gleich kurz zuvor die Bemerkung bei Plew über die Uebersetzung griechischer Versschlüsse, wo

---

[1]) P. 143 ff. Vgl. p. 311 f.
[2]) Ibid. p. 219 ff.
[3]) Jahn'sche Jahrb. 1867. 7. Heft S. 499 f.

Plew[1]) und L. Müller in dem Beispiele zusammentreffen Parthen. καὶ 'Ινοῖω Μελικέρτῃ Verg. Georg. 1, 437 et Inoo Melicertae) Erscheinungen anführen mussten, die in dieses Gebiet fallen, so mache ich auf diese schätzbaren Bemerkungen als Ergänzungen hier ausdrücklich aufmerksam.

Es wird sich nun darum handeln, auch das Resultat der angeführten fremden Untersuchungen kurz zusammenzufassen. Die Hauptpunkte, die für unseren Zweck das meiste Interesse haben und die ich als sicheres Ergebniss betrachten kann, glaube ich so formuliren zu können: Auch bei diesen Arten des Versschlusses finden wir oft recht auffallenden, sich forttererbenden Gebrauch von gewissen Lieblingswörtern, in Folge dessen Anklänge und Gleichklänge genug und häufig auch direkte Nachahmungen. Diese Arten des Hexameterausganges mit ihren verschiedenen Nüancirungen sind übrigens meist schon von vorneherein, seit der ersten Einführung des Hexameter, in der römischen Poesie beschränkter als in der griechischen[2]; später aber werden sie, je mehr man nach Ausbildung der metrischen Kunst strebt[3]), in der Regel noch seltener oder doch, selbst wenn ein diesbezügliches Schema einige Zeit hindurch hie und da als Zierde, als Modesache behandelt wird, meist nur an ganz bestimmte, eng gezogene Grenzen, an gewisse Wortklassen u. dgl. gebunden[4]).

Die Gründe hiefür und für einiges Aehnliche sind theils

---

[1]) S. 640.

[2]) S. z. B. die vergleichenden Zahlen bei L. Müller de re metr. p. 218. Plew. S. 638. Viertel S. 802.

[3]) Vgl. die Urtheile über die Ursachen des häufigeren Vorkommens mancher derartiger Erscheinungen und über die Art ihres Auftretens bei den Früheren, die meist auf eine necessitas oder auf die ars rudis hinausgehen, bei L. Müller p. 142 und 218. Viertel S. 801. Plew. 638.

[4]) Viertel 804 ff. Plew 638 ff

in sprachlichen Einflüssen zu suchen¹), theils in der stets
wachsenden Strenge der metrischen Gesetze, denen sich die
Dichter mehr und mehr in dem Streben unterwerfen, selbst
das feinste Ohr zu befriedigen²).

Wie sehr uns nun auch hier zunächst der erste Punkt,
als unläugbare Thatsache, wegen der auffallenden Uebereinstimmung mit dem von uns auf verschiedenen anderen Gebieten aufgefundenen und betonten Resultate interessiren
muss, so sind doch andererseits wieder die nachfolgenden
Sätze auch für unseren Zweck fast eben so wichtig, da sie
uns bei der Erklärung, zu der wir nun übergehen wollen,
mehr als einen bedeutenden Anhaltspunkt an die Hand zu
geben scheinen.

Dass sich die bei den römischen Dichtern so oft und
so stark hervortretenden Wiederholungen, Anklänge und
Nachahmungen durchaus nicht alle ausschliesslich aus der
Anschauungsweise des Alterthums über Dichtkunst im Allgemeinen erklären und durchweg mit derartigen Erscheinungen in der griechischen Literatur vergleichen lassen,
habe ich schon am Schlusse meiner Ovidstudien öfter bemerkt und ich kann jetzt nach diesen speziellen Untersuchungen gerade über den Versschluss beim besten Willen
und trotz aller Achtung und Dankbarkeit gegenüber Gelehrten, die meine Arbeiten bisher so wolwollend aufnahmen
und hauptsächlich nur in diesem Punkte³) mich berichtigen
zu müssen glaubten, in mancher Beziehung von meiner An-

---

¹) Z. B. L. Müller p. 211. Plew 638. 639. Vgl. G. Hermann
Epit. doctr. metr. ed. IV. p. 107.

²) S. Plew 639. L. Müller p. 215, vgl. p. 13 u. s. w. — Manche
interessante Einzelheiten über solche Feinheiten s. auch in der trefflichen Untersuchung v. F. Baur: Ist der culex ein Jugendgedicht des
Vergilius? Jahn'sche Jahrb. 1868. S. 388 ff.

³) Uebrigens wurde auch dasselbe bereits anerkannt, so z. B. unlängst in der Recension des 2. Ovidheftes in den Blättern für das
bayer. Gymnasialschulwesen VIII. Band 1. Heft S. 33.

nicht noch um so weniger abgehen. Zudem sei bemerkt, dass ich eine solche Ausdehnung der Erscheinungen in einer oft so eigenthümlichen Weise und in den verschiedensten Perioden und Dichtungsarten in der griechischen Poesie trotz wiederholter Nachforschungen denn doch nicht in dem Masse zu entdecken vermochte. Wol aber glaube ich, wie schon angedeutet, nun Manches genauer sondern zu können und gestehe dabei insbesondere ganz gerne, dass ich mich bei Heranziehung der Ansichten Köne's, obwol ich im Ganzen vorsichtig zu Werke zu gehen meinte und mich gegen seine Consequenzen ausdrücklich verwahrte, doch vielleicht zu allgemein und nicht deutlich genug ausgedrückt habe. Köne, dessen Fehler ich übrigens gewiss gerne zugebe, da ich sie gerade bei meinen eingehenden Studien auf diesem Gebiete ganz vorzugsweise kennen lernen konnte, dürfte, ohne dass er selbst, wie es scheint, speziell darauf aufmerksam wurde, da er bei seinen vorwiegend theoretischen Untersuchungen das Praktische nur zu häufig aus dem Auge verlor, in einem Punkte wenigstens theilweise das Richtige getroffen haben und dieser eine Punkt schwebte mir auch damals vor, als ich bei meinen Erklärungsversuchen zuerst seinen Namen nannte, obwol ich mich im Hinblick auf die Mehrzahl der von mir angeführten Belege nicht präciser ausdrückte und die Sache fast als selbstverständlich ansah; und dieser Punkt ist der Hexameterschluss. Für die übrigen Erscheinungen werden allerdings andere Gründe gelten müssen, die wir zum grössten Theile auch schon in den Ovidstudien angeführt haben, zum Theile aber unten noch ergänzen müssen, da gerade hiefür eine oben angedeutete Bemerkung eines hoch geschätzten Gelehrten gewiss zu beachten ist.

Aber auch im Versschlusse selbst wird, wie man nach unseren Auseinandersetzungen wol schon voraussieht, noch Manches zu unterscheiden und das Urtheil durchaus nicht so kurz abzuthun sein. Können wir ja doch schon aus dem

Umstande, dass, trotz der Allgemeinheit der uns bekannten Erscheinungen im Ganzen, doch bezüglich der Zahlenverhältnisse in den einzelnen Fällen nicht unbedeutende Schwankungen bemerkbar sind, deutlich genug ersehen, dass es auch hier noch mehr als bedenklich wäre. Alles in demselben Masse und ohne Unterschied der für das daktylische Versmass wenig geeigneten Anlage der Sprache zur Last zu legen. Ich citire als Beispiel noch ausdrücklich die Verbalformen im daktylischen Versschluss, von denen wir nach den Untersuchungen Köne's über die Conjugation noch einen weit grösseren Einfluss auf Wiederholungen, Anklänge u. dgl. an unserer Stelle erwarten müssten, als wir ihn wirklich gefunden. Es ist eben doch nicht das Nämliche und besonders in unserem Falle nicht, ob man einfach gewisse Wortformen nach ihrem Silbenmasse theoretisch untersucht oder ob man zugleich die ausgedehntere praktische Anwendung, die Möglichkeit einer grösseren oder geringeren Zahl von Verbindungen und Combinationen, die Zahl der Stämme u. dgl., Dinge, die ja da und vorzüglich im Versschlusse in Rechnung kommen müssen, genauer untersucht. Eine vergleichende und sorgfältige Zusammenstellung der auf Grund gewissenhafter praktischer Untersuchungen gewonnenen Erfahrungen wird uns eben auch da noch öfter auf ein Ineinandergreifen von Motiven führen, wie dies aus dem Folgenden, wobei ich aus mehrfachen nabeliegenden Ursachen die zuletzt angeführten Sätze zum Ausgangspunkte nehme, wol nicht undeutlich hervorgehen dürfte.

Wenn im Lateinischen der Gebrauch gewisser Formen für den Hexameterausgang, die im Griechischen häufig genug und fortwährend ohne Bedenken angewendet werden, gleich von vorneherein, wo doch von einer Strenge der metrischen Gesetze keine Rede sein kann, verhältnissmässig schon beschränkt auftritt und in der Folge gar nur mehr, ich möchte sagen, fast ausschliesslich in bestimmte Formen meist zu einem bestimmten Zwecke sich zwängt, so sehen wir schon daraus, dass hier dem Wechsel an dieser Verstelle ein bedeutendes Mittel entzogen wird und darum andere Schemata um so öfter an die Reihe kommen müssen — eine gewiss nicht ganz zu ignorirende Thatsache, die jedesfalls schon an sich einigermassen dazu beitragen könnte, Anklängen und Wiederholungen einen gewissen Spielraum zu eröffnen. Doch noch weit wichtiger als das sind die Gründe, die für derartige Erscheinungen, nämlich für den verhältnissmässig seltenen Gebrauch gewisser Versschlüsse und für die trotzdem häufig überraschende Gleichförmigkeit in manchen Fällen bestimmt genug geltend gemacht werden mussten. Wenn diese Gründe nach den oben angeführten Aeusserungen öfter theils in sprachlichen Einflüssen, theils und meist zugleich aber auch in der stets wachsenden Strenge der Gesetze zu suchen sind, der sich im Laufe der Entwickelung der latein. Hexameterpoesie die Dichter mehr und mehr unterwarfen, so ersehen wir daraus, dass dieselben Motive, die schon von Köne und Granert betont worden[1]), nun auch von ganz anderen Gelehrten nach eingehenden Untersuchungen zum Theile herangezogen werden müssen, aber mit dem grossen Unterschiede, dass letztere sie in besonnener Weise auf gewisse einzelne, genau durchforschte Punkte beschränken, während jene sie im Allgemeinen in Bausch und Bogen mit missglückten Consequenzen und manchmal grob klingendem Tadel anerkannt wissen wollten. Wenn ich nun aber noch hinzufüge, dass auch bei den von uns geprüften Fällen eben der wichtigste nach meiner Ansicht gewiss nur auf diese Weise, nur durch das Ineinandergreifen der genannten Motive eine befriedigende Erklärung finden dürfte, so wird man begreifen, wie ich oben von einer theilweisen Richtigkeit der Ansichten Köne's gerade bezüglich der Erschei-

---

[1]) Spr. d. röm. Ep. S. 248, 279 u. ö.

nungen im Versschlusse sprechen konnte, ohne desswegen im Ganzen meine Ansichten mit den seinigen zu identificiren.

Ich darf übrigens wol kaum bemerken, dass dieser Hinweis auf eine wenigstens theilweise Berechtigung des Resultates Köne's gewiss nicht aus Parteinahme für den Mann, den ich erst nach seinem Tode aus seinen Schriften kennen lernte, noch aus einer gewissen schriftstellerischen Eitelkeit entsprang, die allerdings nur gar zu oft einmal zur Erklärung herangezogene Ansichten nicht gerne fahren lassen will: nein, es bewog mich dazu ausschliesslich das Gerechtigkeits- und Pietätsgefühl gegenüber den Manen eines Mannes, der sein ganzes Leben der Wissenschaft geopfert hatte, dabei aber trotz alles Fleisses und trotz aller Detailforschung in Folge einer unrichtigen Methode, die aber, wie es scheint, grossentheils äusseren Umständen zur Last fallen dürfte, bei seinen Lebzeiten auch das Richtige an seinem Buche niemals anerkannt sah

Der Fall nun, um zu unserem Thema zurückzukehren, wo ich die oben besprochenen Motive ohne Weiteres und stark betonen zu müssen glaube, betrifft das erste von uns betrachtete Schema dort, wo ein Substantiv den Daktylus des fünften Fusses deckt. Folgt darauf auch noch im sechsten Fusse ein Substantiv, so wiederholen sich die Verbindungen in einer geradezu imponirenden Weise; aber auch nachfolgende Verba rufen da Gleichklänge in wirklich nicht zu übersehender Zahl hervor. Die Sache ist zu auffallend, als dass sie weggeläugnet, beschöniget oder glattweg durch allgemeine Bemerkungen über die Anschauungen des Alterthums genügend erklärt werden könnte. Bedenken wir aber, dass gerade diese Form des Versschlusses, wo der fünfte und der sechste Fuss durch je ein Wort vollständig vertreten sind, bei den römischen Dichtern mehr und mehr als eine der hübschesten betrachtet und daher ganz besonders gerne augewendet wurde[1]), dass man dabei auf die Verbindung von zwei in enger Beziehung stehenden Redetheilen als passenden Abschluss naturgemäss ein besonderes Gewicht legte[2]) und dass endlich andererseits die latein. Sprache an solchen Substantivformen, die an sich einen reinen Daktylus darstellen, gewiss nicht allzureich ist[3]), wesshalb auch für die Wahl des folgenden, sich eng anschliessenden spondeischen Wortes, gleichviel ob Substantiv oder Verbum, ein nicht gar zu grosser Spielraum offen blieb, so ist uns das Räthsel ganz einfach gelöst und zwar auf die überzeugendste Weise vermittelst einer durch praktische Erfahrungen veranlassten Combination von Thatsachen, von denen jede an und für sich bereits von bedeutenden Gelehrten als richtig anerkannt wurde. Jeder, der meine diesbezüglichen Belegstellen, von denen ich denn doch, da mir die Sache zu klar schien, noch so Vieles zurückbehielt, um es nur etwa auf ausdrücklichen Wunsch abdrucken zu lassen, aufmerksam und unbefangen geprüft hat, wird hier kaum anderer Ansicht sein können. Ausdrücklich beizufügen dürfte als Ergänzung auch hier noch die Beobachtung sein, dass aus der ohne-

---

[1] L. Müller de re metr. p. 206.

[2] So wird am Besten einerseits die Eigenthümlichkeit jedes Fusses erhalten und andererseits zugleich dem ganzen Schlusse ein gewisser Nachdruck verliehen, was ja den Römern so wichtig war. Vgl. z. Th. L. Müller p. 211.

[3] Die vorwiegende Zahl der langen Silben im Latein. wird nun, ganz abgesehen von den Bemerkungen Köne's, in hervorragenden Werken richtig gewürdigt; vgl. s. B. L. Müller p. 161, Bernhardy R. L. S. 95, Corssen Ausspr. passim. — In allgemeinerer Beziehung und für manches in den Ovidstudien Bemerkte sei hier auch kurz auf die Anerkennung der Beschränktheit der latein. Wortbildung verwiesen, worüber bes. Bernhardy S. 26 f.) vgl. L. Müller p. 211. Auf die Folgen der dadurch motivirten Umschreibungen im Versbaue haben wir im Verlaufe früherer Arbeiten hingewiesen.

hin nicht allzu grossen Anzahl von Wörtern, die sich im sechsten Fusse passend an das daktylische Substantiv im fünften anschliessen, im Lateinischen gar manche auch noch unter sich, selbst bei grosser Verschiedenheit der Bedeutung oft so klangähnlich sind (wie z. B. toto und torto¹), fluctus und luctus u. s. w.), dass die Monotonie in den betreffenden Ausgängen dadurch noch wesentlich erhöht zu werden scheint. Dass dann bei solchen Verhältnissen im Schlusse die Aehnlichkeit oft noch in weitere Verstheile eingreift, dass dadurch häufig der Uebergang zu sogenannten stehenden Versen gebahnt wird, wo wir es nicht immer erwarten sollten und wo sich im Griechischen keine Analogie bietet, kann nur als natürliche Folge erscheinen.

Wie bestimmt wir durch diese Bemerkungen wieder auf das Zusammenwirken der oben berührten Momente, nämlich auf den Einfluss der Sprache und der Lieblingsgesetze der lateinischen Versification zurückgekommen sind, bedarf keiner weiteren Erwähnung. Ich möchte gar zu gerne Derartiges auch über einiges Andere in den von uns betrachteten Arten des Versschlusses bemerken, halte aber vorläufig mit ausdrücklichen Erklärungen noch zurück, da ich darüber im Einzelnen noch nicht zu dem Grade von Sicherheit gekommen bin, wie in dem oben besprochenen Falle und weil ich mir, da ich wirklich nur gewissenhaft nach Wahrheit strebe, durchaus nicht den Vorwurf einer Hypothesenhascherei zuziehen möchte. So viel aber glaube ich nach meinen Erfahrungen unbedenklich sagen zu können, dass mir die zwei bekannten Motive auch in einigen

---

¹) Solche Klangähnlichkeiten, die im Latein. oft so stark hervortreten, verursachten bekanntlich häufig auch Verwechslungen von Seite der Abschreiber, oder lassen solche voraussetzen und sind darum manchmal für die Textkritik an verschiedenen Versstellen beachtenswert. Vgl. Ph. Wagner Emend. Val. Philolog. 1863, 4. Heft S. 636.

anderen Formen des Verschlusses im Einzelnen fortzuwirken schienen; was ich meine, wird man aus meinen Beispielen am besten ersehen, auf die ich mich bei dieser Gelegenheit und besonders bei Einzelheiten um so eher berufen kann, weil ich dort geflissentlich manche weitergehende Bemerkungen eingestreut habe, um das Schlusswort nicht zu sehr auszudehnen. Ich muss hier überhaupt im Interesse der Sache die Lectüre des ganzen Abschnittes und die Betrachtung der Beweisstellen sammt den Bemerkungen dringend empfehlen[1]), da dies gerade bei einem solchen Thema schon an sich absolut nothwendig ist, wo doch in keinem Falle schliesslich Alles wiederholt werden kann und da vielleicht Einiges, was von uns, dem Zwecke des Büchleins gemäss, nur im Vorbeigehen berührt werden musste, aber Stoff genug zu einer Detailforschung gäbe, in mancher Beziehung anregend wirken dürfte. Dies Letztere würde mich besonders erfreuen, da ich wol sehe, dass zur genauen Erforschung aller dieser Erscheinungen im Detail kaum ein Menschenalter hinreichen würde.

Gehen wir nun noch schliesslich über zu den mehr allgemeinen Gründen, die auch hier in Betracht zu ziehen

---

[1]) Die Sache sollte sich eigentlich wol von selbst verstehen, scheint aber doch, besonders bei Einzelheiten, nicht immer vorzukommen. So fand ich z. B. meine gewiss wol durchdachte und klar genug ausgedrückte Bemerkung zu den Aeusserungen Ovid's über Ennius (Ovid. II, 1 und 2), auf welche W. S. Teuffel, ein gewiss competenter Beurtheiler, in der 3. Auflage der L. G. gleich bei Ennius verweist, von einem andern Gelehrten in einer sonst anerkennenden und sehr dankenswerten Besprechung so missdeutet, als ob ich geradezu von einem Lobe gesprochen hätte, während ich doch weder von „loben", noch von „ehren" (was der Hr. Recensent dafür setzen möchte) sprach, sondern von „gemässigten Aeusserungen", von „einer gewissen Anerkennung neben der Rüge des Mangels an Kunst". — Diese Bemerkung übrigens nur im Interesse der Wissenschaft, welcher Derartiges gewiss nicht zum Nutzen gereicht.

sein dürften, so werden wir doch auch selbst bei denselben noch gewisse Unterscheidungen zu machen haben. Ich gebe hier vor Allem auch für den Versschluss einigen und zwar einen durchaus nicht unbedeutenden Einfluss der Anschauungsweise des Alterthums über Dichtkunst überhaupt ohne Bedenken zu und verweise gerne auf das, was in dieser Beziehung jüngst von einem Gelehrten im Allgemeinen gesagt wurde: „Von Anfang an fand das Alterthum in Homer unzählige Selbstwiederholungen und zwar bei Weitem nicht nur in den sog. stehenden epischen Versen, — was theilweise eben aus der Entstehungsart der homerischen Gedichte zu erklären ist; — und was das Ideal der Dichtkunst (ὁ ποιητής) darbot, musste nachahmungswerth sein. Daher herrscht diese Sitte weiter in der griechischen, besonders alexandrinischen Poesie, und ebenso aus diesem Ursprung von Anfang an in der römischen bis zu ihrem spätesten Ausleben"[1]).

Dabei aber hielte ich es dennoch gerade beim latein. Hexameterausgange — und ich glaube, Jeder, der meinen Untersuchungen hier und bei Ovid aufmerksam gefolgt ist, wird mir zustimmen müssen — für nicht ganz unbedenklich, selbst noch alles das, was nicht durch die oben angeführten Gründe erklärt wurde oder etwa noch in Zukunft zu erklären sein dürfte, einfach und ausschliesslich diesem Motive zuzuschreiben. Es scheint denn doch auch auf diesem Gebiete ein gewisser Unterschied zu herrschen zwischen der griechischen und römischen Literatur. Für die griechische Hexameterdichtung galt schon seit früher Zeit und fast ausschliesslich Homer als Kanon und dieser Einfluss zeigte sich etwa nicht hauptsächlich nur im Versschlusse, sondern vielmehr in verschiedenen epischen Formeln bald an dieser, bald an jener Versstelle Es ist in dieser Beziehung, um ohne Weiteres einen Beweis aus der

---

[1]) A R Im philolog. Anzeiger 1872. 4. Heft. S. 200.

diesbezüglichen Literatur selbst zu entnehmen, das Epigramm Pollians in der Anthologie XI, 130, das mit den Worten beginnt:

Τοὺς κυκλικοὺς τούτους, τοὺς αὐτὰρ ἔπειτα λέγοντας,
μισῶ, λωποδύτας ἀλλοτρίων ἐπέων
καὶ διὰ τοῦτ' ἐλέγοις προσέχω πλέον

gewiss ganz interessant, da es ein betreffendes Formelbeispiel ganz ausdrücklich hervorhebt, das offenbar eine der auffallendsten Classen repräsentiren soll, aber mit dem Versschlusse an sich Nichts zu thun hat.

Hätte das epische Formelwesen vorzüglich in letzterer Beziehung auch nur annäherungsweise wie im Lateinischen gewuchert, so hätte der griechische Dichter, der auch in seiner Zeit noch gesunden Sinn genug hatte, sich gegen die Tyrannei der Formeln offen zu erklären, sicher nicht vor allen anderen das obige Beispiel gewählt. Bei den Römern aber ist in diesem Punkte Manches anders. Da ist es nicht eines der ältesten Werke der Hexameterpoesie, das vom Anfang durch alle Zeiten beständig und in den verschiedensten Beziehungen einen Haupteinfluss ausübt, sondern es machen sich die verschiedensten wechselseitigen Einwirkungen geltend und diese Einwirkungen spielen unläugbar eine Hauptrolle gerade im Versschlusse.

Wer bisher unsere sämmtlichen, nun ziemlich ausgedehnten Wanderungen auf dem Gebiete der röm. Poesie aufmerksam mitgemacht, wird wol ohne Weiteres zugestehen müssen, dass es durchaus nicht ganz rathsam sei, Vergil in seinem Einflusse so vorzugsweise mit Homer zu vergleichen, wie es bisher gar oft geschehen ist. Mag es auch einzelne Anhaltspunkte geben, die einer solchen Analogie das Wort zu sprechen scheinen, im Ganzen wird sie sich bei den ganz verschiedenen Verhältnissen nie treffend durchführen lassen und am allerwenigsten in dem von uns behandelten Punkte. Denn ganz hauptsächlich im Versschlusse beginnen die uns bekannten Erscheinungen etwa nicht erst nach Vergil aufzufallen, sondern Vergil selbst steht in dieser Beziehung kaum viel anders da als einer der Späteren und wie er schon seine Hexameterausgänge etwa nicht ausschliesslich aus Ennius, sondern bald von diesem, bald von Lucrez, bald von Catull u. a. entlehnte, ebenso liessen sich auch die treuesten seiner Nachbeter in der späteren Zeit durch die Achtung vor seiner Auctorität durchaus nicht hindern, sich gerade an unserer Stelle des Hexameter öfter auch anderen und den verschiedenartigsten Einflüssen hinzugeben.

Ich könnte da auf eine Masse von Belegen und auf Manches von dem früher von mir Besprochenen wie z. B. gerade auf Ausonius verweisen, will aber der Kürze halber und, um auch selbst den Schein einer vorgefassten Meinung zu vermeiden, nur auf zwei von anderer Seite näher betrachtete spätere Dichter aufmerksam machen, auf Valerius Flaccus[1]) und auf den Verfasser der Orestis tragoedia[2]). Hervorzuheben ist dabei auch jedesfalls, dass die Wiederholungen eben im Versschlusse bei den Römern etwa nicht nur in den eigentlich epischen Gedichten sich vorzüglich bemerklich machen, sondern ebenso in den elegischen, satirischen, epigrammatischen, wo nur immer der Hexameter in Anwendung kam; und beachtenswert ist es gerade bei den Satirikern und bei dem mit ihnen sich oft nahe berührenden Martial[3]), wie oft verschiedene epische und darunter speziell vergilische Ausgänge doch noch und

---

[1]) Vgl. die diesbezügliche Bemerkung sammt Belegen in K. Schenkl's Studien zu den Argonautica des Val. Flacc. (Juniheft 1871 der Sitzungsberichte der phil.-hist. Klasse der kais. Akademie d. W. in Wien) S. 370 Anm. 59.

[2]) F.d. Schenkl praef. p. 20 und die Nachträge in der Recension v. Rothmaler, Jahn'sche Jahrb. 1867. 12. Heft. S. 863.

[3]) Ueber diese Berührung überhaupt und in anderen Punkten der Metrik vgl. Corssen Ausspr. II, 488; 511 u. A.

gewiss nicht selten unbedenklich vermischt werden mit jener für die genannten Dichtungsarten allmählich mehr und mehr sich entwickelnden, im Ganzen etwas freieren, aber doch auch wieder unter sich an Wiederholungen reichen Manier im Versschlusse, zu der Horaz den Grund gelegt hatte. Alles führt uns eben hier auf ein ganz eigenthümliches Verhältniss, auf eine ungemein ausgedehnte, kaum je in einer anderen Literatur in dem Masse nachzuweisende Wechselwirkung bei den Gleichklängen gerade im Versschlusse. Ich könnte da nach meinen Erfahrungen wol fast ohne Bedenken sagen, dass an dieser Versstelle in den verschiedensten Perioden, bei den verschiedensten Dichtungsarten und Dichtern ein centonenartiges Aussehen schliesslich beinahe den Eindruck einer regelmässigen Erscheinung macht. Nur muss man hier, wie schon angedeutet, natürlich nicht an einen aus einem bestimmten Dichter zusammengeflickten Cento, sondern an einen fast unübersehbaren gegenseitigen Einfluss denken. Alle diese gewiss wolbegründeten Beobachtungen scheinen demnach selbst noch bei den allgemeineren Erklärungsversuchen etwas Eigenthümliches für die römische Poesie zu beanspruchen. Und diese Eigenthümlichkeit vom allgemeineren Standpunkte glaube ich hauptsächlich darin zu entdecken, dass der Römer bei seiner anerkannten Vorliebe für eine gewisse rhetorische Wirkung[1]) und einen deklamatorischen Schwung gerade auf das Versende, als eine der bedeutendsten Stellen besonderes Gewicht legte, sich deshalb hier, wie wir gesehen, besonders strenge Regeln vorschrieb und darum, abgesehen von anderen Gründen, gerade da anerkannt tüchtige Stellen verwertete und sich die verschiedenartigsten Anspielungen, die der angegebenen Richtung ja ganz entsprechen, gerne erlaubte, ja dieselben oft fast suchte; und so kam es wol, dass in der röm. Poesie ganz

---

[1]) Bernhardy R. L. R. 8.

vorzüglich auf diesem Felde, selbst auch in Fällen, wo andere Gründe kaum nachzuweisen sein dürften, jener eklektische Sinn sich zeigt, der in dieser Literatur überhaupt so stark hervortritt[1]) und der durch den ganzen Volkscharakter, durch die damit eng zusammenhängende, eigenthümliche Entstehungsweise einer eigentlichen Literatur, durch das eben dadurch bereits frühe sehr begünstigte Schulen- und Gesellschaftswesen schon in der weitesten Ausdehnung gar wol motivirt ist[2]). Da wir die zuletzt berührten Punkte einzeln für sich schon früher bei allgemeineren Betrachtungen herangezogen haben und da sie für die Literatur im Ganzen und Grossen anerkannt genug sind, brauchen wir nicht weiter auf dieselben einzugehen und bemerken nur noch, dass durch diese spezielle Anwendung auf den Versschluss die in den Ovidstudien gemachten, diesbezüglichen ausgedehnteren Bemerkungen durchaus nicht beschränkt werden sollen. Denn es ist schliesslich doch immer zu betonen, dass bei den röm. Dichtern aller Epochen, selbst von den Zeiten angefangen, in welchen der Hexameter und die in Folge dessen durch verschiedene Gründe motivirte Formähnlichkeit noch nicht sich geltend macht, ein gewisser Hang zur Nachahmung auch bezüglich des Inhaltes nur zu oft hervortritt und die römische Poesie gegenüber der griechischen, manchmal selbst noch, wo letztere sich schon im Nachahmungs-

---

[1]) Bernhardy R. L. S. 14.
[2]) Ausser den trefflichen diesbezüglichen Auseinandersetzungen in der allgemeinen Charakteristik bei Bernhardy S. 2 ff. vgl. für diese Punkte bes. noch Teuffel R. L. S. 1 ff. L. Müller de re metr. p. 73. — Manches Hiehergehörige auch bei I. F. C. Campe: Litterar. Tendenzen und Zustände zu Rom im Zeitalter des Horat. Jahn'sche Jahrb. 1871 S. 463—479 und 537—554 und bei Mommsen R. G.⁴ III, 583 u. ö., wo einige Züge meisterhaft hervorgehoben sind. Ein Paar hieher gehörige Bemerkungen neuestens auch bei Scherr allg. Gesch. d. Lit.⁴ I, 127 ff.

stadium der Alexandriner befand, ziemlich scharf charakterisirt[1]); die in diesem Hefte eben wegen des engen Zusammenhanges mit unserem ganzen Studienkreise vorangestellten Abhandlungen über die imitatio Horatiana und über Ausonius[2]) dürften neben anerkennenswerten Andeutungen neuerer und tüchtiger Literaturgeschichten und Einzelschriften über die wechselseitigen engen Beziehungen anderer Dichter der verschiedensten Perioden[3]) auch für Spätere das bestätigen, was wir in den Ovidstudien schon so frühe hervorheben mussten[4]).

---

[1]) Vgl. das von uns Ovid. II. 120 Bemerkte.

[2]) Hier mag auch, obwol es dem aufmerksamen Leser kaum entgangen sein wird, noch ausdrücklich in Kürze darauf hingewiesen werden, wie gerade gewisse und bestimmte Stellen von Vorgängern sich fort und fort bei den verschiedenartigsten Nachahmern einer ganz entschiedenen Vorliebe erfreuen und fast bis zum Ueberdrusse variirt werden. Ich erinnere beispielshalber an Hor. Carm. 1, 1, 10.

[3]) So z. B. über die Beziehungen Juvenal's zu Horaz, Vergil und Martial W. S. Teuffel R. l., S. 731; vgl. dessen Einl. zur Uebers. Juvenal's. — Wie sich diese Einwirkungen oft begegnen und kreuzen, davon nur ein recht auffallendes Beispiel von den vielen, welches sich sodem an unseren obigen Studienkreis ganz hübsch anschliesst. Wie der direkte Einfluss des Horaz auf die Tragödien des Seneca, auf Statius, Claudian, Ausonius und auch Valerius Fl. durch unsere Nachweise nun wol sattsam sichergestellt ist, ebenso wirken andererseits Stücke aus Seneca trag. selbst wieder direkt auf Valerius (Schenkl Studien S. 371 Anm.) Statius und Claudian (Peiper-Richter praef. p. V und VIII). Statius dann beeinflusst, wie wir oben dargelegt, seinerseits auch wieder direkt und stark den Ausonius und den Verf. der Orestis tragödia, der aber nebenbei auch wieder oft auf Seneca selbst zurückgeht (Ed. Schenkl praef. p. 20) u. s. w.

[4]) Eine Erscheinung, die vielleicht auch hier noch kurz berührt werden könnte, wäre die in der röm. Poesie auffallend häufige, schon frühe beginnende und sich forterhaltende Unterschiebung oder Namensentlehnung von berühmten Vorgängern, nach denen man sich hauptsächlich gebildet hatte. Vgl. z. B. die oben citirte Abhandlung von F. Baur über d. culex S. 316 f. und H. Hagen in der Recension der Anth. L. v. A. Riese, Jahn'sche Jahrb. 1869, S. 731

Dabei liesse sich freilich, da dieses Feld noch verhältnismässig so wenig gepflegt ist, ein gewisses constantes Verfahren, das auch stets auf die Form mehr oder weniger einwirken musste, im Einzelnen auch noch ganz besonders durch eine erweiterte Betrachtung jener uns aus der besten Zeit so wol bekannten Gemeinplätze der röm. Poesie[1]) auch für die ganze Literatur recht schlagend nachweisen, was als neuer Beitrag für die letzten allgemeineren Bemerkungen gewiss nicht ohne Interesse wäre. Die fort und fort in den verschiedensten Epochen, bei den verschiedensten Gelegenheiten und Dichtern fast wörtlich wiederkehrenden und wol kaum in einer anderen Literatur in einer solchen Ausdehnung nachzuweisenden Formeln für die sog. loci ἐκ τοῦ ἀδυνάτου, für die Beschreibung des Gigantenkampfes oder der Strafen in der Unterwelt u. dgl., die in meinen Sammlungen nun so massenhaft vertreten sind, böten hier ein ganz interessantes Materiale. Doch das würde uns an dieser Stelle zu weit führen und ich schliesse hiemit, indem ich mir Solches für eine Detailabhandlung aufspare, meine diesmaligen Untersuchungen ab.

---

[1]) Vgl. Ovid. I, 37; 42; 73; 77; 109; 119, II, 71. III, 13.

Berichtigungen und Nachträge.

S. 5 Z. 18 v. o. sind zwischen „hier" und „zum ersten Male" die fortgebliebenen Worte: „gerade für die interessantesten Partieen" einzuschalten.

Zu S. 25 Z. 13 v. o. füge unten die Anmerkung bei: Die Stelle Theb. 1, 428 ff., die sich auch als Gedankennachahmung deutlich verräth, wurde von E. Bährens für eine Emendation zur betreffenden horaz. Stelle Carm. 1 2, 31 ff. verwertet. Vgl. seine kritische natura in den Jahn'schen Jahrb. 1872, 1. Heft. S. 46 f.

S. 30 Anm. 2 schliesse noch an: vgl. Reifferscheid's Sueton p. 524.

S. 89 möge der Anm. 2 noch beigefügt werden:
Dass bei den Römern die Freude an gewissen metrischen Regeln, Feinheiten und Eigenthümlichkeiten oft so weit ging, dass öfter selbst bei einzelnen Dichtern die Gedichte einer gewissen Lebensperiode sich von denen einer anderen durch etwas Apartes unterscheiden, aber eben dadurch wieder unter sich eine noch grössere Gleichförmigkeit erhalten, kann nicht mehr überraschen. Eine interessante diesbezügliche Entdeckung über den Pentameterschluss bei Ovid und über die Verwertung desselben für die Zeitbestimmung verschiedener Elegieen machte jüngst O. Gruppe in den mir freundlichst zugesendeten Quaestiones Annaeanae. Sedini 1873, p. 36 ff.

S. 102 Anm. 3 könnte bei den zur Veranschaulichung des massenhaften wechselseitigen Ineinandergreifens der Nachahmungen angeführten Beispielen auch noch passend die von G. Meyncke betonte starke Benützung des Valerius Fl. von Seite des Statius erwähnt werden. Vgl. Quaestion. Val. S. 31.

Inhaltsübersicht.

	Seite
Vorwort	V
Zur Imitatio Horatiana	1—32
Ueber Ausonius	32—44
Wiederholungen im latein. Hexameterschlusse in den verschiedensten Epochen und deren Entstehung	44—103

www.ingramcontent.com/pod-product-compliance
Lightning Source LLC
Chambersburg PA
CBHW031349160426
43196CB00007B/794